# 英語貴族と英語難民

**3ヶ月でネイティブに100％伝わるようになるスーパーメソッド**

ユキーナ・富塚・サントス
YUKINA TOMIZUKA
SANTOS

SOGO HOREI PUBLISHING Co., LTD

# 英語貴族とは

**英語ペラペラ**
自分が言いたいことを英語でペラペラ話すことができる

**英語の学習が続く**
英語の学習がラクラク続く

**毅然とした態度で**
わからないときは、わからないと英語で毅然と言える

**常に堂々と**
突然、英語で話しかけられても堂々と受け答えできる。むしろ話かけちゃう

**話のリードをとれる**
英語のレベルを自分に合わせてもらうことができる

**外国人も口説ける**
もちろん、外国人の異性にもモテる！

# 英語難民とは

**英語の学習が続かない**
英語の学習がツラくて続かない

**なんて言っていいのかわからない**
自分が言いたいことを英語でどう表現したらいいかわからない

**突然、話しかけられたらパニック**
突然、英語で話しかけられるなんて、無理！逃げちゃう

**とりあえず Yes**
わからないときは、本当は嫌でも、Yes！

**ネイティブとは目を合わさない**
ネイティブには、極力近づかないようにする。
"話しかけないで"オーラ全開！

**外国人を口説くなんて夢のまた夢**
もちろん、外国人の異性にモテない！

## はじめに

　先日、ある講演会に行きました。メインスピーカーは日本の政策に深く関わる女性です。スピーチはすべて英語でした。
　彼女は、きちんとした英語を使っていらっしゃいました。彼女の発音やアクセントがネイティブ並みというわけではありません。むしろ、生粋の日本人の発音、アクセントでした。けれども、短い文章で、適切な単語を選んで話していたので、彼女の英語は、100パーセント聴衆に伝わっていました。
「なぜ、この問題はこうなのでしょうか？‐なぜならば……だからです」
「○○とはどういうことでしょうか？‐すなわち、それは……ということです」
　ネイティブのように流れるように話している、というわけではありませんでしたが、Q&Aのパターンをうまくスピーチに取り入れて、日本人スピーチの弱点を巧みにカバーしていました。

　質疑応答のパートになったときにも、会場から寄せられる質問に一つひとつ答えるのではなく、いくつかをまとめて、的確にポイントを絞って話していました。また、要領を得ない外国人からの質問に対しても、
「**To sum up, what is your question?**」（つまり、あなたの

質問はなんでしょうか？）とズバリ切り込んで聞いていき、このプレゼン全体を見事に仕切っていました。

　これが私の考える英語貴族です。自分の伝えたいことを100パーセント相手に理解させ、相手の言うことも100パーセント理解できる、つまり英語を通じたコミュニケーションが100パーセントとれる。彼女はそのスキルを見事に使いこなした英語貴族でした。
　彼女の発音やプレゼンの仕方を見て、彼女は帰国子女ではなく、自分で苦労を重ねて英語貴族になった方だなと思いました。そして同時に、私はある言葉を思い出していました。

　「**Your English is excellent! Tell me why your English is so good.**」（一体全体どうして、あなたの英語は"ずば抜けて"いいんだい？）
　これは、世界最大の不動産専門家団体のアジア事務局長であるオーストラリア人が、私に言ったセリフです。私は帰国子女でもない、英語圏に長く住んだ経験もない、と答えると、彼はより一層驚いて、「大したものだ！」と目を丸くしました。

　このオーストラリア人と同じように、私はたくさんの日本人から、「ユキーナさんみたいに英語が話せる人がうらやましい」と言われます。そして、「私は本当に英語で苦労したのよ、最初から今みたいに話せたわけではなくて、できなくて、で

きなくて……もう、大変だったのよ」と話すと、みなさんとても驚きます。

　私は10年以上前に海外留学を決意したのですが、その当時の私の英語は本当にお粗末なものでした。願書の小論文添削では「絶対に落ちる」と言われ、面談相手からは「もっと流暢に話せ！」と馬鹿にされ、どうすれば英語ができるようになるのかと日々悩む英語難民、それが私だったのです。

　その英語難民が、そこから10年程度たって、ネイティブから「**Excellent!**」と呼ばれるほどのレベルになったのです。

　英語難民から英語貴族になったことで、私の人生は大きく開けました。米・英・日の不動産鑑定士の資格を取り、ブラジル人の夫と結婚し、日英伊葡の4カ国語を駆使するようになりました。世界を舞台にした、やりがいのある仕事をこなし、世界中に友人のネットワークを広げることができました。そして、外資での私の収入は、日本企業で働いていたときの約3倍近くになりました。まさに英語が私の人生を大きく変えたのです。

　こうした劇的な変化を可能にしたのは、実は、この本でご紹介する英語貴族になるメソッドを実現したおかげだったのです。

　この本では、そんな英語貴族になるための英語習得方法をみなさんにご紹介します。英語難民の人々が、難民状態から

抜け出せない原因を指摘し、英語貴族に脱皮するためにはどうすればいいのかをわかりやすく解説します。

　貴族の英語を身につければ、冒頭でご紹介した国際講演の女性のように、言葉の面でハンディはあっても、自分の論理をわかりやすく、クリアに、100パーセント伝えることができます。そして、相手をうまく導いて、実のあるコミュニケーションを英語で行うことができるのです。

　さらに私が経験したように、自分の世界を広げ、キャリアを、活躍の場をどんどん広げていくことができます。国際社会に羽ばたいていく、あなたの夢のキャリアの第一歩が「英語貴族」になることなのです。

　さあ、では具体的に英語貴族になるメソッドをご紹介しましょう。そして本書を通じて、一緒に英語貴族への階段を昇っていきましょう！

　　　　　　　　　2014年5月吉日　ユキーナ・富塚・サントス

はじめに…4

序章　本書の構成…11

## 英語貴族が教える日々英語に親しむ方法

1 コミュニケーションがきちんとできる、
  それが英語貴族…18

2 外国人なんか少しもコワくないわ
  英語貴族は「雪の女王」！…26

3 脱・発音コンプレックス！
  大事なのはあなたが話す中身…32

4 私の英語力を劇的に向上させた、英語難民玉砕体験…36

5 こうして私は英語難民から脱却して、貴族への第一歩を踏み
  出した…42

6 英語貴族の基本認識「英語は勉強ではなくスポーツ」…46

7 「趣味・楽しみ」を英語とドッキング！
  これなら日々英語に親しめる…56

8 英語学習継続のカギは満面の笑顔…68

1章まとめ…73
コラム①英語がスポーツである理由…74

## 英語貴族になる基礎トレーニング

*1* 英語難民は知識の肥満体質！
アスリート体型への変身が必要…*76*

*2* ストック中心の英語難民、フロー中心の英語貴族…*80*

*3* 脂肪の多い「英語肥満体質」から代謝のいい
「英語アスリート体質」へ…*88*

*4* 吸収した知識を効率よく燃焼！
サプリとフローを身につける…*94*

*5* 骨格がいかに大切か？
筋の通ったバランスの良い英語貴族になる！…*110*

*6* 無駄な文法知識はいらない、
SV時制条件反射集中トレーニング…*118*

*7* 日本人の最大弱点、ワードチョイスを克服する…*128*

*8* ネイティブに教わることは必要か？
真剣さとお金の関係…*138*

2章まとめ…*145*
コラム②生活のすべては英語になる…*146*

# 必ず英語貴族になれる!
# スピーチトレーニング

1 イメージがあなたを救う!
  実戦に強くなるイメージトレーニング…*148*

2 まずは短いスピーチから!
  腹式呼吸で発声した英語は脳に定着する!　…*154*

3 スピーチメソッドの全体像
  「英語がわかる」と実感できる瞬間…*162*

4 徐々にスピーチのボリュームアップ!
  最短3カ月で英語貴族になれる!　…*170*

5 貴族英語の神髄　同じルール、同じ言葉、同じリズム…*176*

6 師匠ネイティブとの良好な関係が
  サイクルスタートのカギ…*182*

7 今日から始められる!　英語貴族へのステップ…*190*

8 こんなレッスンなら参加したい!
  スピーチクラス実践、受講者の喜びの声…*200*

9 世界を舞台に能力発揮!
  これであなたも英語貴族の仲間入り…*204*

3章まとめ…*211*

コラム③サッチャーが使ったイケてる「can」…*212*

付録SV時制条件反射トレーニング…*213*

おわりに…*250*

序章

本書の構成

## 1. 英語難民とは？

多くの日本人が、いくら英語の勉強をやっても英語ができないという悩みを抱えています。

英会話スクール、テレビ・ラジオの英語番組、市販のテキスト、社内の英語研修、TOEIC受験など、それなりの時間とお金とエネルギーを割いているのに、一向に英語が話せたり、聞き取れるようにならない。

こういう人々を本書では「英語難民」と呼ぶことにします。

## 2. 英語難民の悩み

英語難民の人々に、英語で何が一番困っているのかをたずねると、様々な答えが返ってきます。

**「英語の勉強を始めても、いつも挫折してしまう」**
**「文法がわからない」**
**「知らない単語や表現が多すぎる」**
**「ネイティブの英語を聞き取れない」**
**「自分の言いたいことを英語でどういうふうに伝えたらいいかがわからない」**

などいろいろな声が出てきます。

その悩みを大きく分けると、以下の3つになるのではないかと思います。

> ❶英語の学習が続かない
> ❷自分の言いたいことを英語でどう表現すればいいのかわからない
> ❸相手の言っていることは聞き取れるが、英語でどう答えればいいのかわからない

　本書では、これら英語難民をつくる原因を一つひとつ分析して解消していきます。
　第1章**「英語貴族が教える日々英語に親しむ方法」**では、英語難民をつくる根本原因の一つ目**「英語の勉強が続かない理由」を解説**するとともに、英語学習を必ず継続させるための方法を提示します。
　次に二つ目の原因**「自分の言いたいことを英語でどう表現すればいいのかわからない」**を解決するために、第2章の「英語貴族になる基礎トレーニング」で"フロー"の概念を紹介し、**伝わる英語表現とはどういうものか、伝わる英語表現はどうやってつくるのか**を学んでいきます。そしてこのフローの根幹となる「SV時制条件反射」と「ワードチョイス」を詳しく説明します。
　最後に三つ目の原因**「相手の言っていることは聞き取れるが、英語でどう答えればいいのかわからない」**を解決するた

めに、第3章「必ず英語貴族になれる！　スピーチトレーニング」で、スピーチメソッドについて紹介します。

## 3. 本書のステップ

　本書で説明する英会話メソッドは、**①英語の学習を続ける、②英語で言いたいことを伝える、③相手の言ってることに英語で答える**、ということに着目して、英語難民の悩みを根本から解決するものです。

　本書で説明するメソッドを実践していただくと、次のようなステップを得て、英語難民の人々がその悩める状況から脱出できるようになります。

### STEP 1

本書では、誰でも挫折しがちな**「毎日英語の学習を継続する」**ことが可能になります。自分の趣味・楽しみと英語をドッキングさせることで、ストレスを感じて、英語の勉強が嫌になったときも、英語に触れられるようになります。

### STEP 2

本や教材から得る「いつか使おうフレーズ」の積み上げで

はなく、**日々の生活で一番表現したいこと、それが伝わる表現（フロー）になった英語**に焦点をおきます。そして、フロー作成の基本になるスキルを理解し、そのスキルを身につけるためには、何をすればいいかがわかります。つまり、**最低限の文法（SV時制）とワードチョイス、フローの筋肉化、英語の骨格づくり**にフォーカスし、そのコツがわかるようになります。

## STEP 3

ネイティブをうまく活用し、フローを作成、それをスピーチというアウトプットを通じて、**伝わる英語が自分の言葉としていつも出てくる。そのためのトレーニングサイクルをスタート**できるようになります。

このようなステップの中には、みなさんにあまり馴染みのない言葉がたくさんあると思います。

「フローって何？」「筋肉化？」「SV時制ってどういうこと？」「ワードチョイス？」など、わからないことだらけと思いますが、これらの項目は本文の中で一つひとつ説明していきますので、ご安心ください。

## 4. 楽みながら英語貴族を目指しましょう！

　本書は英語難民の人々を確実に救うための実戦マニュアルですが、理解しやすいように、英語の表現は極力少なくしています。

　そして、読み物としても楽しめるように、私の実体験や具体例を盛り込んでいます。エッセイや小説のように、リラックスして読み進めてください。そして「脱・英語難民」をめざしていきましょう！

# 第1章

## 英語貴族が教える日々英語に親しむ方法

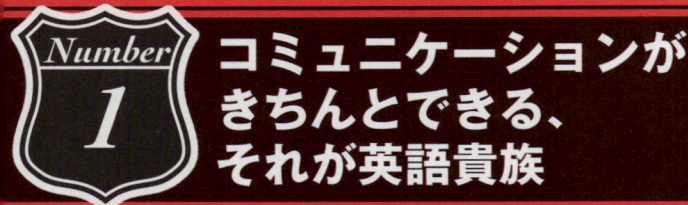
# コミュニケーションが きちんとできる、 それが英語貴族

## 1. コミュニケーションと英語貴族

　みなさんは「英語貴族」という言葉から何を想像されるでしょうか？「貴族」と聞いて、イギリス英語のように、かつての特権階級の人たちの間で話されていた、格調高い英語をイメージしますか？　あるいはアメリカやイギリスのテレビのニュースキャスターが話すような、きれいな、流れるような発音の英語をイメージされるかもしれません。

　本書で使っている「英語貴族」とは、このような格調高い英語でも、流暢な発音でぺらぺらと語られる英語でもありません。では、一体「英語貴族」とは何でしょうか？
　ズバリ、本書でこれから説明していく「英語貴族」とは、**「自分の言いたいことが 100 パーセント伝わり、相手の言っていることもきちんと理解できる英語」**を話せる人のことを言います。「コミュニケーションのツールとしてきちんと伝わる英語を話す人々」を指していることをまず理解してください。

　「コミュニケーションのツールとして伝わる英語」について、もう少し詳しく説明しましょう。コミュニケーションには、①「自分の言いたいことを相手に伝えること」と②「相手の言いたいことを理解すること」の2つの方向性があります。

## 2. 自分の言いたいことを相手に伝える

 まず①「自分の言いたいことを相手に伝えること」ですが、実はこれがとても難しいのです。
 多くの日本人の英語では、自分が言いたいことをまず日本語で作文します。そして、それを英語に置き換えていくわけですが、多くの人はどのように英語で表現すればいいのかわからず、辞書や翻訳機を使って置き換えていきます。
 けれども、自分の表現したい内容のすべてが、辞書や翻訳機できちんと英訳文を見つけられるわけではありません。自分が探す英訳が見つからないと、結果として、自分が本来言いたい内容を曲げて表現してしまうことがよくあります。

 たとえば、あなたが外国人から、「Do you like steak?」(ステーキが好きですか?)と聞かれたとします。あなたの頭の中では、いろいろな回答が湧いてきます。
「昔は大好きだったけれど、今はそれほど好きじゃないよな、でも誕生日とか、スポーツジムに行った後は食べるよな……、でもこの人は今日のディナーでステーキに行きたいから、私に『ステーキは好きか?』って聞いてるんだよな……、明日は健康診断だし、できれば普通の和食がいいな……、でも健康診断ってなんて言うんだっけ、自分だけ別メニューで頼みたいって英語で表現できるかな……」

こうした様々な考えがあなたの頭に浮かんできます。でも、それらをすべて、きちんと英語で話すことはできません。
「あぁ、これは英語で言えない、どうしよう……」
　そう思った瞬間、あなたは事実の方を変えてしまいます。すなわち、ステーキはそれほど好きではないという事実を、「好きです」と180度曲げて伝えてしまうのです。
　おそらくあなたは、このように発言してしまうでしょう。
「Yes….Yes,I like steak.」（はい、私はステーキが好きです）

　これでは、自分の言いたいことを100パーセント伝えていることにはなりません。**自分の伝えたいことを相手にクリアに伝えることができる**、これが英語貴族です。
　ステーキの例で、あなたが、次のように答えたとします。

> Well, I used to have steak a lot before, but I don't eat that much now. Actually, I will have a health check tomorrow, so I would personally prefer a light meal like Japanese cuisine. But, of course, we can go to the steak house for dinner. I think I will choose something different like soup or salad. So if you would like to try that steak restaurant, no problem for me.

（昔は好きでしたが、今はそれほど好きではありません。明日は健康診断ですので、個人的には和食など軽いものがいいですね。

でも、もちろんステーキのお店に行っても、私はお肉以外の別のものを注文しますので、まったく問題ありません)

これならば、あなたが心から伝えたい内容を100パーセント伝えていることになります。英語貴族とは、外国人から「ステーキが好きですか」と聞かれて、このように自分の言いたいことを間違えなくクリアに伝えることができる人々のことをいいます。

上記の英文をよく見てください。難しい単語や表現は使っていないはずです。すべて中学生レベルの英語で表現されていることにお気づきでしょうか。

このように、英語貴族は、格調高い英語を話そうとして、難しい言い回しを使う必要などないのです。**やさしいボキャブラリー、シンプルな表現だけれども、自分の言いたいことが100パーセント理解される。**本書で言う英語貴族とは、そのレベルを目指しているのです。

## 3.相手の言っていることが理解できる

次に「相手の言っていることがわかる」、ここに着目してみましょう。

前掲の例で、相手がさらに、このように尋ねたとします。

> **Is there a Wagamama restaurant around here? I think it's a Japanese restaurant chain, so maybe you have heard of it. Of course, if you have other recommendations, I am totally OK to try them.**
>
> ---
>
> (このあたりにワガママはありますか？　ワガママは日本のレストランチェーンだと思いますが……聞いたことはありますよね？もちろん他にお勧めの店があれば、そこでもかまいません)

　おそらくあなたは、彼の言うことのすべてを完璧に理解できないかもしれません。相手の発音にもよりますが、とても早口でまくしたてられた場合、「え？　何言っているのかわからない」という状況になるでしょう。

　しかし、英語貴族はこれがわからなくてもいいのです。わからなくても、「**Sorry, can you please repeat it?**」（すみません、今なんと言いましたか？）と相手にもう一度話してもらうことができれば、それでいいのです。

　そして、相手の言うことがわかりにくければ、次のようにわかりやすい単語に置き換えてもらうよう、お願いできればいいのです。

> **What do you mean by Wagamama? In Japanese, Wagamama means capricious, it has nothing to do with dinner.**

> （すみません、ワガママって何を言っているのですか？　日本語でワガママとは、自分の主張にこだわるという言葉で、ディナーとは関係ないのですが……）

このように質問できれば、相手にさらに次のように説明してもらうことができます。

> **Oh, sorry, Wagamama is a Japanese Restaurant chain, which is very famous in London. I was thinking that there definitely are some of them here in Tokyo. Oh, it's only in London…I didn't know that…so, any Japanese restaurant is totally OK for me.**

> （あ、すみません、ワガママとは、ロンドンでとても有名な日本食レストランのチェーンです。東京には絶対にあるはずだと思っていたのですが、ロンドンだけなのですか！　それは知りませんでした。それなら、日本食であれば、私はどこでも大丈夫です）

相手からこうしたコメントを引き出せれば、相手が言わんとしていることが何であるのか、どのようなことを希望しているのか、質問と答えを繰り返すことによって、**相手の言いたいことが明らかになります。**

　**英語貴族とは、このように相手の言いたいことを、一つひとつ理解し、疑問を解決し、相手が言いたいこと、自分に伝えようとしていることを100パーセント理解できるように**

**するための英語をいいます。**

## 4.自分がネイティブと同じレベルになる必要はない

　注意していただきたいのは、自分がネイティブである相手と同じレベルの英語を話す必要はないということです。ネイティブと同じ発音やボキャブラリーを持つ必要はまったくありません。それよりも、相手の言うことのうち、どこがわからないのか、きちんと相手に伝えることが必要です。

> **Now you told A and B but what is the difference between these two positions? A is the pattern which we have always taken and B looks like a tool to deal with specific cases. As now we are working on a very specific case so we should go with the pattern B. Is this something that you would like to tell us?**
>
> ---
>
> （いま、AとBの2つのことを言いましたが、この違いは何ですか？　Aはいつものパターンですが、Bは特殊な場合ですね。では、本件は特殊な場合だからBで対処しよう、あなたの言っていることは、そういうことですか？）

　相手の言わんとすることをキチンと理解するには、このような質問ができれば十分です。そして、英語貴族とは、この

ように**質問を通して相手とのコミュニケーションがきちんと行える人**のことをいいます。

繰り返しますが、ネイティブのようにきれいな発音で、難しい言葉をたくさん使う、それが英語貴族ではありません。

英語貴族とは、英語で自分の言いたいことをきちんと表現し、英語の質疑応答を通じて、相手の言うことを明らかにすることができるテクニックを身につけた人たちのことなのです。

| 英語貴族 | 自分の言いたいことを英語できちんと伝えられる |
| 英語難民 | 自分の言いたいことを英語でうまく伝えられず、事実を曲げて伝えてしまう |

# Number 2 外国人なんか少しもコワくないわ 英語貴族は「雪の女王」!

## 1. 話せない理由の一つは、外国人恐怖症

本書の「はじめに」でもお伝えしましたが、英語貴族の特徴に**「ネイティブとの会話を仕切る!」**というテクニックがあります。ここでは、これを具体的にお話しします。

多くの英語難民は、ネイティブの前に出ると、とたんに凍りついたように固くなってしまい、何を言っていいのかわからなくなってしまう、ということが多いようです。

リスニングの練習を繰り返ししているにも関わらず、ネイティブを前にすると、とたんに心臓がバクバクしてしまい、「質問に答えられなかったらどうしよう!」という恐怖感に襲われて相手の話に集中できないという悩みもよく聞きます。

私自身がかつて英語難民であったときにそうだったので、こうしたネイティブとの実際の会話での悩みは、本当によくわかります。こうした経験を繰り返していると、外国人と話すことが本当に苦痛になり、外国人恐怖症に陥ってしまいます。

## 2. あなたは相手の英語をコントールできる

さて、この外国人恐怖症の悩みを解決するために、ユニークな例をご紹介しましょう。

　最近話題になったディズニー映画『アナと雪の女王』（原題 Frozen）を多くの人がご覧になったと思います。これはある国に生まれたお姫様の話です。彼女は、触るものすべてを氷にしてしまう、という超能力を持って生まれたため、自分の力に驚き、おののいています。彼女の力は恐れ（fear）を感じるとますますパワーアップし、氷のバリケードをつくれるようになるまで増長されてしまいます。

　彼女は周りの人を傷つけることを恐れて、「**Stay away from me!**」（私に近づかないで！）とひたすらに自分の殻に籠ってしまいます。しかし、彼女の妹の献身的な愛情によって、この女王は自分の力をコントロールすることを学び、周りの人を傷つけることがなくなっていく、というのがこの映画のあらすじです。

　ここには、英語難民が外国人恐怖症を克服するための重要なヒントが含まれています。

　それは**「コントロール」**です。「コントロール」とは、何も相手を自分の意のままにしようというのではありません。英会話における「コントロール」とは、相手の言っていることがわからなければ、「**Excuse me, can you please repeat that?**」（わかりません、もう一度言ってください）と相手に伝えることです。こうすることで、話し手の話す英語レベルを、聞き手がコントロールできるのです。

私たち日本人は英語を母国語としていないわけですから、英語の聞き取りや会話に慣れていないのは当たり前です。特にネイティブとの会話では、合わせているのは日本人の側なのです。
「開き直る」というと誤解があるかもしれませんが、相手の言語を使って、コミュニケーションをとろうと譲歩しているのは、こちらなのです。ですから、「英語のレベルを聞き手に合わせる努力は当然ネイティブの方でしてください」というのは、ノンネイティブからの当たり前の要求だと思うのです。

「**Sorry, I don't understand what you said.**」（すみません、今の言葉はわからないのですが……）
「**For example?**」（たとえば、どういうことですか？）
「**So anyway, tell me what I should do.**」（結局、私は何をすればいいのでしょう？）

　このように、こちらの意思をクリアに伝え、相手に英語の話し方、表現の仕方を工夫させましょう。
「英語貴族」とは、このコントロール方法を覚えた人のことです。**相手の英語を自分のレベルに合わせることができる**、つまり、コントロールすることができれば、きちんとコミュニケーションがとれます。自分の意思を伝えることができ、相手の意思もわかってきます。
「自分は相手の英語をコントロールできる！」と思えば、自然に話し手である外国人に対する恐れがなくなってきます。

## 英語難民

外国人を見た瞬間、固まってしまい、
何も言えなくなってしまう

## 英語貴族

外国人を前にしても堂々と振舞い、
英語のレベルを自分に合わせてもらう

## 3.外国人恐怖症とはオサラバ！

　恐れがなくなれば、リラックスして相手との会話に集中し、自分の言いたいことにフォーカスできますので、よりコミュニケーションがスムーズになります。
　そうなってくると普段の自分のトレーニングの成果が発揮できるので、コミュニケーションが、よりキチンととれるようになり、英語を話すこと自体が楽しくなります。

　この『アナと雪の女王』の中で私が最も好きなシーンは、不思議な能力を持った女王が、一人山に籠って、思う存分、自分のパワーを全開させるシーンです。
「**I'll try to see what I can do!!**」(私は自分の力を見てみたいの！) と言って、彼女は空に氷の橋をかけ、その向こうに素晴らしい氷の宮殿をつくります。
「**I don't care what they are going to say!!**」(他の人が私の能力について何か言ったって、構わないわ！) と言って、クリスタルの支柱をにょきにょきつくっていきます。
「**Here I stand and here I'll stay!**」(私はここに立っている、ここにいるのよ！) と言って床を踏み鳴らし、雪の結晶を見事に埋め込んでいきます。
　このシーンのサビとも言えるセリフは「**The cold never bothered me anyway!**」(寒さは平気よ、寒くったって気に

しないわ！）でしょう。

　英語貴族にとっては、「Natives never bother me anyway!」（ネイティブなんか平気よ！）と言い換えられる部分ではないでしょうか？
「ネイティブが私の周りを取り囲んでも平気！　だって、コントロールできるんだもの」
　これが英語貴族のスタンスです。
**「わからない単語も、聞けない発音も気にしないの。だって私のレベルに合わせて頂戴！　そう伝えればいいんだから」**
　この態度でいきましょう。これで外国人恐怖症とは、見事にオサラバできます。

| | |
|---|---|
| 英語貴族 | 相手の英語のレベルを自分に合わせてもらう |
| 英語難民 | 外国人を前にすると何も言えなくなってしまう |

# 脱・発音コンプレックス！大事なのは、あなたが話す中身

## 1. 英語貴族はネイティブではない

　ネイティブの発音に圧倒されて、自分が発する日本人的な発音が気になって英語を話せない、という方のために、ちょっとアドバイスしておきます。

　発音はもちろんいいに越したことはありません。特にイギリスやアメリカなど海外の特定の地域で生活したり、仕事をする、という目的がある場合、現地のネイティブが話すような発音を身につけると、希望する仕事に就ける可能性がより高くなるでしょう。

　けれども、「はじめに」の英語貴族の女性の例で述べましたが、私の言う英語貴族とは、ネイティブ並みの発音やアクセントで話す人たちのことでは決してありません。

　各国のビジネスパーソンが話す英語の発音やアクセントは様々です。訛りが強くて、我々ノンネイティブには聞き取れない英語が多くあります。

　しかし、それでも彼らはキチンと英語をビジネスのツールとして使い、多くのネイティブスピーカーがこれらのノンネイティブの話に耳を傾けています。

　その理由は、彼らがコミュニケーションのツールとして、100パーセント伝わる貴族の英語を話しているからです。

　貴族の英語とは、第3章5項で述べますが、同じルール、

同じ言葉、同じリズムを持った英語のことです。SV時制を中心とした英語の文法のルールにのっとり、ここではこのワードを使う、というワードチョイスに誤りがなく、そして、ネイティブと同じ思考で話をしていきます。

あたりまえですが、国際的に英語が話される場では、こうした貴族の英語を話す人の発言はとても敬意をもって重要視されます。多くの質問が寄せられ、この人とお近づきになりたい、と発表後も様々な人が話し手のところを訪れます。

## 2.きれいな発音は重要ではない

国際社会では、英語はあくまでもコミュニケーションの手段にすぎません。日本の社会をどう見るのか、経済はどうなるか、政策をどう評価するか、外国人がこれらの意見を英語で語ることは簡単です。

けれども**本当は、日本人がその国の内容をどう見ているか、それを知りたいのです。**だから日本人がきちんと伝わる英語を話せば、否が応でも耳を傾けるのです。

多くの日本人は、国際社会に広めるべき情報をたくさん持っています。それを話す言葉を持っていないだけなのです。

ですから、世界の共通語である英語で、きちんと自分の意見を伝えることができれば、たくさんの人々があなたの言うことに耳を傾けるでしょう。

**きれいな発音で話すことは、重要ではありません。**彼らが知りたい内容、面白いと思う内容をキチンと伝わる英語で話すことができるから、みんながあなたに着目するのです。

　英語には、日本語にはない音がたくさんあります。きちんとした発音ができないことに悩み、英語を話すことにブレーキをかけている場合もあると思います。
　そういう場合には、ネイティブとのプライベートレッスンをお勧めします。一対一であれば、他の誰にも聞かれるわけではないので、自分の発音で堂々と話すことができます。「もし私の発音がおかしければ、直してください」とネイティブにお願いし、RやLなど日本人ができない発音を徹底的に矯正してもらうことも可能です。そしてこのネイティブとのレッスンを録音し、いつも聞き返していれば、自分の発音をネイティブの発音に近づけることができます。
　ネイティブとのレッスンは、正しいワードチョイスとフローを得るだけでなく、自分の発音を直していくことにも役立つのだということを忘れないでください。

| 英語貴族 | 発音やアクセントよりも、話す内容を重視する |
| --- | --- |
| 英語難民 | 正しい発音やアクセントにこだわる |

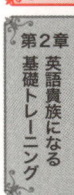

## 英語難民

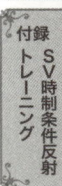

蚊の鳴くような声でメモを読み上げているので、
誰にも注目されない

## 英語貴族

大きな声で堂々と英語のルールに則って話し、
中身もあるので、みなが注目する

# Number 4 私の英語力を劇的に向上させた、英語難民玉砕体験

## 1. 入学願書「このままでは落ちるよ……」

　私は英語では本当に苦労しました。高校・大学受験、不動産鑑定士受験、海外留学、そして英国と米国の鑑定士資格と、いろいろと勉強をしてきましたが、「もう一度やれ！」と言われたら、一番イヤなのは留学のための英語の勉強です。

　ここでは私が英語難民であったころのエピソードを、「どうしてこんなに英語ができなかったのか」という点に特に焦点を当ててお話しします。

　私が最初に、自分の「英語のできなさ加減」をいやというほど認識したのは、留学のための出願準備のときでした。

　海外の大学院には、英語の成績はもちろん、「自分がどうしてその学校に行きたいのか」「そこで何を学びたいのか」「その後どのようにキャリア形成をしていくのか」という出願志望動機を文章にした「エッセイ」と呼ばれる小論文を提出しなければなりません。

　それまでの私は、自分の英語力がそれほどマズイものだとは思っていませんでした。あれほど受験勉強で英語を勉強したのだから、自分は英語の基礎はできているはずだ、会話とかリスニングを少し勉強すれば、授業についていけるくらいの英語力はあるだろう……こう考えていました。

　ですから、これまで海外留学した周囲の人から、「エッセイはネイティブにチェックしてもらった方がいい」と薦められ

ていても、まあ大体の内容は大丈夫だろうと思っていたのです。けれども、あまりにも多くの方が「いや、内容も細かく見てもらった方がいいよ」と声を大にしてアドバイスするので、言われたとおりに英会話学校の講師にプライベートレッスンをお願いし、自分のエッセイを見てもらいました。

　そのときの英会話学校のネイティブ講師は、後に私の大親友となるジェフ先生ですが、彼は私の脳天に大きな石をガンと落とすくらいのショッキングな一言を放ったのです。

> **Yukina san, your essay has a lot of parts to be modified, so I strongly suggest revising all the contents and sentences, otherwise, you wll fail…**
>
> （……ユキーナさん、このエッセイだけど、このまま提出できないくらいお粗末だよ！　少し直せばいいどころじゃなくて、一から十まで全部直した方がいい。このまま提出したら間違いなく落ちるだろう……）

　開いた口がふさがらない、というのはこのときの私の状況を言うのでしょう。私はぽかんと口を開けたまま、ジェフ先生を見つめ、「why?」とやっとの思いで問い返しました。
「**Your biggest problem is word choice!**」（何よりもまず、最大の問題点はワードチョイスだね！）

ジェフ先生は私の単語の使い方がイケてないことを指摘しました。当時の私は何を言われているのか、さっぱりわかりませんでしたが、今になって当時のエッセイ原稿を眺めてみると、なるほど、私のワードチョイスは本当にお粗末でした。
　もっともこれは、私に限ったことではなく、日本人の英語難民の方、みなさんに共通して言えることです。
　後述しますが、英語難民の最大の欠点は「**ワードチョイスが間違っていること**」及び「**SV 時制条件反射がきちっとできていないこと**」の2つです。当時の私はまさに英語難民の典型で、この2つがどちらも満足にできていなかったのです。

## 2. 大学院見学「もっと流暢に話せないのか？」

　2002年に自分が志望する大学院を実際に見学に行ったときのことでした。
　希望する大学の事務局長とミーティングの約束をして、そこで自分が語るべきことをまず英語で作文し、その作文内容をぶつぶつ繰り返し、英語で話せるように練習して、このミーティングに臨みました。
　けれども、実際のミーティングは悲惨でした。作文したことが思う通りに口をついて出てこないことが何度もありました。相手は何度も私の発言を聞き返し、その度に「自分の英語がまずいのでは？」というビクビク感がどんどん募っていきました。しまいには、沈黙が続き、しびれをきらした事務

局長が私にこう言いました。

「Why don't you try to speak more fluently?」（もうちょっと流暢に話せないのか？）

これはまさに、私が脳天にくらった一撃でした。その相手の次の一言もよくわかりました。

> If the student can't handle English, she would not understand the contents of lectures, despite of rather expensive tuition. This is not a result that students or the school would like to have. Therefore, the school sets out the minimum TOEFL requirement and the candidates whose score is below that level can not be accepted…
>
> ----
>
> （もし英語が聞けなかったり話せなかったりしたら、せっかく高い授業料を出して受けてもらっている講座が何も身につかない。そのような事態は生徒にとっても学校にとっても好ましいものではない。……だから我々はTOEFLで足切りを設けている。これはあくまでも最低レベルであるので、ここに達しない生徒はいかなる理由があっても受け入れるわけにはいかないのです）

彼は私にこう語りました。その内容はきちんと聞き取ることができたのですが、自分の意思を流暢に伝えるということが、当時の私にはできなかったのです。

私は、この事務局長に「**Thank you.**」とだけ言って、ミーティングを早々に切り上げ、そのまま校舎のトイレに籠ってわんわん泣きました。「頑張っているのに、どうして話せないのだろう」「帰国子女でもないから仕方がないじゃない」と悔し涙が止めどもなくあふれてきました。

## 3.授業「どうして原稿を読んで話す？」

　さて困難をなんとか乗り越えて、私はアメリカではなく、イタリアの、それも MBA から入学許可をゲットしました。
　しかし、ここでも英語の厚い壁が私の目の前にバンと立ちはだかっていたのでした。
　私の難民英語がもろくも崩れ去ったのは、忘れもしないマクロ経済学の授業のときでした。この MBA はグループ作業が多く、私の所属するグループがクラスの全員に自分たちの意見をプレゼンテーションすることになっていました。

　各人が自分のパートをみんなの前で発表しなければいけないのですが、私は人に聞きながら原稿を作るのが精いっぱいで、とても自分のプレゼン内容を覚える暇などありませんでした。前日も徹夜でもうろうとした頭で大教室のセンターに放り出された私は、自分の原稿をたどたどしくつっかえながら読み上げました。
　これを見ていた教授が眉をしかめました。クラスメートも

いぶかしそうに私を見ています。次の瞬間、教授が口にした一言で、私は教壇の上で凍りつきました。

「Why are you reading the memo, please present your idea to us!!」（どうして原稿を読んでいる？　どうしてみんなの方を向いて発表しない？）

　プレゼンはあくまでも自分の意見を皆に伝えるものです。それなのに手もとのメモばかりを見ていたら、自分の意見ではなく、だれか別の人の意見を盗作のようにして借りてきてその場を取り繕っていると見られるかもしれません。教授を始め、クラスメートの白い眼が私の全身に突き刺さりました。

　私は正面のスクリーンに映し出されたパワーポイントのスライドを横目で見ながら、残りの原稿を蚊の鳴くような声で読み、早々に次の発表者の後ろに逃げ込んでいきました。

　今から振り返ってみると、とても懐かしい思い出です。こうした玉砕の経験があったからこそ、私はその後、自分の英語力を劇的にアップさせるスピーチメソッドを編み出すことができたのだと思います。

| | |
|---|---|
| 英語貴族 | どうすれば貴族になれるか考える！<br>いつか貴族になってやると誓う！ |
| 英語難民 | 玉砕経験から英語学習を断念 |

# Number 5 こうして私は英語難民から脱却して、貴族への第一歩を踏み出した

## 1. 男の好みも英語で学ぶ

　MBAでの苦い経験を私はカナダ在住の大先輩に話しました。その方からのアドバイスは、「**英語を話す友人たちといつも一緒にいること！　なるべく英語に接して、その友人たちからあらゆるシチュエーションでこういう表現を使うのか、という実際に伝わる表現を学んでいくこと**」という、とても実践的なものでした。その教え通りに、なるべくクラスメートと時間を一緒に過ごすようにしました。

　MBAといっても、そこはラテンの国イタリアなので、木曜日や金曜日の夜はみんなでバーやディスコに繰り出し、一晩中踊ったりおしゃべりしたりします。私も仲間と一緒に気合を入れて夜遊びをしました。

　バーでは、授業のことや自分の出身国のこと、イタリア社会のことなど、いろいろなことが話題になります。あるとき、ボストン出身のアメリカ人のクラスメートが「**China was not happy then!**」（中国はそのときとても不満だった）と言いました。私はそれまで、「**happy**」とは「幸せ、超楽しい」という自分のテンションの高さを表現する言葉だと思っていました。ですから、「**happy**」が一国の外交上の立場や姿勢を表すためにも使われると知って、とても驚きました。

　また、女の子同士で誰かの誕生会などをするときには、遅

くなってもかならず顔を出し、皆の話に真剣に耳を傾けました。「そうか、イケメンというのは **good looking guy** って言えばいいのだな」など、辞書では探そうにも探せない表現をたくさん覚えたのもこのときです。

## 2.「英語はスポーツ」と思って日々トレーニング！

　このカナダ在住の大先輩は、「みんなとトコトンつるめ！」というアドバイス以外にも、**「英語はスポーツだと認識して、日々トレーニングすること！」**という、英語を勉強する上での心構えも教えてくれました。

　後から詳細に述べますが、英語難民は受験勉強の中で、「英語は学習科目のひとつ」という認識を頭の中にガッシリと埋め込まれています。ですから、単語を覚えたり、練習問題に頼ったりと、とかく「勉強」してしまいがちです。

　しかし、英語は勉強ではありません。本書の第2章でも述べますが、**「反射神経と運動神経を養っていく、一種のスポーツ」**と捉える方が適切です。何かを覚え込むのではなく、日本語を話すときは滅多に使わない「特殊な反射神経や特別な運動能力の鍛錬」と思った方が、上達が早くなります。

　英語はスポーツなので、日々接することが非常に大切になってきます。進歩がなかなか見られず、ずっと踊り場で足踏みしている状態のときもあります。でも、あきらめずに、毎

日5分でもいいので継続することです。

　私が、TOEFLの点数が伸びず、くさって投げやりな態度になったとき、私のよきメンター（指導者）であった先輩は、こう諭してくれました。

「好きな英語の歌を聴いたり、映画を観たりしながら、少しずつ英語に触れて、息抜きしてください。今までの10の力を7とか6に落としてもいいので、とにかく継続することです」とアドバイスしてくれたのです。

　今でも、この方が言った**「継続すること、踊り場でこらえること」**を守り、ずっと継続してきて本当によかったと思っています。あきらめずに、ずっと続けることが、最終的には英語力を伸ばす一番の近道だったのだと思います。

## 3.スピーチメソッドで難民から脱出!!

　MBA時代、ワインクラブの会長を経験したこともあって、私の英語力はじわじわと上昇していきました。しかし、自分の英語能力がドラマチックにグーンとアップした、という程度ではありません。

　その機会はその後、交換留学で訪れたアメリカMBA時代にやってきます。私の英語力を大きくグイッとアップさせてくれたのは、何と言ってもスピーチスキルの授業を乗り切ったことでした。

　詳細は第3章で述べますが、スピーチをいかにこなすかと

いう方法を編み出したので、私の英語力は短期間でメキメキと上がっていったのです。

　この方法で英語を訓練して、3カ月が経ったとき、私は、あるグローバル不動産銀行の面接を受けました。事前に準備をし、ニューヨークのマンハッタンで、アメリカ在住歴の長いドイツ人のビジネスマンと2時間近く、自分の仕事や不動産市場について話しました。
　面接が一通り終わり、相手のドイツ人が、私に忘れられない一言を言ってくれました。
「Your English is Good!」
　彼は私の目を見て、ニコッと微笑みながら、私の英語を「Good」と褒めてくれたのです。
　どうしようもない英語難民で、どうすれば英語ができるようになるのかと苦労に苦労を重ねていた私が、ついに「Good」と呼ばれるまでの英語を話せるようになったのです。面接がうまく行ったことは至上の喜びでしたが、それ以上に、こうして「Good」と称される英語を話すことができた、その達成感の方がはるかに大きな喜びでした。

| 英語貴族 | 英語は「スポーツ」ととらえる |
|---|---|
| 英語難民 | 英語は「勉強」ととらえる |

# Number 6 英語貴族の基本認識「英語は勉強ではなくスポーツ」

## 1.「英語は勉強」という考えは捨てる！

　受験英語という教育の弊害で、多くの日本人は「英語は勉強するもの、学習科目の一つである」という認識を持っています。

　しかし、コミュニケーションのツールとしてきちんと伝わる英語、すなわち貴族の英語を学んでいこうとする姿勢においては、この「英語は勉強するもの」という認識はあまり役に立ちません。なぜならば、英語は学習するものではないからです。

　過去問を研究し、出題傾向を分析して、それに合わせた暗記をする、そして問題に対する正解をすばやく出して、試験の点数を上げていく、というプロセスを踏もうとしたら、いつまでたっても英語は話せるようになりません。

　TOEICは、日本の企業や学校では、英語能力を確かめる物差しとして、とても重要視されているようです。しかし、これは非英語圏である日本と韓国を主たるターゲットにしたもので、グローバルの世界では、TOEICの点数をもって就職や進学の判断材料にされることは滅多にありません。

　グローバル社会では、英語の能力は履歴書やエッセイなどの自分が書いたもの、あるいは面接の際の受け答えなどを

ベースに判断されます。履歴書に TOEIC のスコアを書いたとしても、欧米人はその人の実際の英語力をすぐさまチェックするので、スコアを上げることに力とエネルギーを注いでも、あまり意味がないということになります。

　このように、実際の国際社会で重視されるのは、試験のための技術ではありません。そして、試験のスコアを上げるためのスキルを磨くことは、英語貴族になるためにはほとんど意味がないと言えるでしょう。

　では、実際に英語貴族になるためには何が重要なのでしょうか？　貴族のように左うちわで、楽々と、ぺらぺらと英語を話せるようになりたいと思っているのに、テストの勉強は必要ないのであれば、一体何をすればいいんだろう……とみなさんは疑問に思われることでしょう。

　そんなみなさんにここで再び声を大にしてお答えします。ズバリ、**英語は勉強するものではありません、スポーツです。**運動の種目の一つだと思って、着実にトレーニングを続けてください。これが一番の近道です。

　私も受験英語の延長で、どう「勉強」すれば英語の成績が伸びるのだろうと思っていたので、この事実に気づくのにとても時間がかかり、ずいぶんと遠回りをしました。ですので、英語の能力が伸びず、いつまでたっても聞けるようにも話せるようにもならない、と悩んでいる英語難民のみなさんには、

繰り返しお伝えしたいのです。

　英語を勉強だと思ってはいけません。勉強だと思えば思うほど、上達するコツがわからず、泥沼にはまってしまいます。

　英語ができるようになりたければ、この「英語は勉強するもの」という概念を捨てることです。これをスパッと捨てて、**「そうだ、英語はスポーツなんだ！」**と認識を改めなければなりません。英語難民の多くの人々がここに気づかないために、時間と労力とお金を無駄にしています。

## 2.「聞く」「話す」「読む」「書く」は一体！

　より具体的に説明していきましょう。

　まず、英語を「学習」している人は「聞く」「話す」「読む」「書く」のどれかにフォーカスしています。特に英語難民の人は、まずは聞き取れるようになりたい、あるいはつっかえながらでもとにかく話せるようになりたい、とリスニングやスピーキングの強化を目指すことが多いようです。

　しかし、何度も言いますが、英語はスポーツです。この一部の能力にフォーカスするという姿勢は、野球にたとえるならば、素振りの練習ばかりしているようなものです。バッティングというスポーツはないのです。

　野球ができるようになりたい、レギュラーになりたいと思うなら、走り込みや素振りなどの基本的なトレーニングと並

## 英語難民

「聞き取れるようになりたい」と
「聞く」に特化してトレーニングしている

## 英語貴族

「話す」「聞く」「書く」「読む」を1つのものとして
バランスよくトレーニングしている

行して、バットを振ってボールに当てる練習、ボールをキャッチする、ボールを投げる練習を行わなければなりません。

逆に投げること、キャッチすることを通じて、打ちやすい球、スピードの出る球など、ボールを打つために重要な要素を体で覚えていくのです。この「打つ」「捕る」「投げる」のどれが欠けても「野球」というスポーツをプレーすることはできません。

コミュニケーションのツールとして英語を使うのは、野球というスポーツをすることとよく似ています。**「聞く」「話す」「読む」「書く」のすべてが一体となって、初めて英語でコミュニケーションができる**のです。

アメリカのMBAでスピーチの特訓をしたとき、初めてアメリカ人が話している内容を理解することができました。スピーキングの訓練は、すなわちリスニングの特訓でもあったのです。

外資で働き、外国人の上司と仕事をするようになってからは、毎日英語を「読み」「書き」「聞き」、そして「話して」いました。これを6年間続けたとき、「Excellent」と呼ばれるレベルまでなったのです。毎日毎日、「読んで」「書いて」「聞いて」「話して」をバランスよく継続した結果として、自分の英語のレベルが上がっていったと実感できたのです。

ここで再度強調しますが、「リスニング」「リーディング」など、英語学習の部分として勉強されるものは、実は分けるべきものではなく、すべて一体のものだということです。

　勉強だと思うと、まず点数化し、その得点の低いところを集中して勉強して得点アップを狙うようになります。けれども、「英語」というスポーツのトレーニングをしていると考えてください。一部分のみをやっていても、永遠にレギュラーにはなれません。あらゆる要素をまんべんなくトレーニングしていくと、それが「英語力」全体のアップにつながります。

## 3. 「試験の文法」≠「実戦の文法」

　文法の身につけ方においても、同じことが言えます。

　みなさんは受験英語で、いやというほど文法を勉強したのではないでしょうか？　試験に出るポイントを丸暗記し、傾向と対策で事前準備し、着々と点数をとっていく。そんな点数アップのための文法を勉強したのではないでしょうか？

　この試験のための文法と実戦の文法は違います。試験の文法は、教科書からよく出題される内容を効率よく覚えるものです。

　グローバルな場で、人種を問わずみんなが英語で話し、議論をする場面を「英語界」と呼ぶことにします。実戦英語の文法、すなわち英語界で使われる文法は、別の文法ポイントを重視します。つまり、英語界では、**時制に沿った「S（主**

**語）V（動詞）」のきちんとした一致、及びその一致を瞬時に発することが最も重要なポイント**になるのです（SV時制条件反射、第2章6項参照）。

　多くの英語難民は、この実戦には欠かせない文法をうろ覚え、あるいはおそろかにして、前置詞などの実戦ではさほど重要でないポイント、そこができなくてもコミュニケーションにおいては問題がないような細かい点を、試験に出て差がつくポイントだからという理由で真剣に覚えこみます。
　いざ実戦の場、実際に外国人とコミュニケーションする場面になり、自分の言いたいことを伝えられず、また相手の言うことがあまりよくわからず、どうしてなんだろう、あれだけ「勉強」しているのに……と悩んでいきます。
　もともとコミュニケーションの手段としての英語、という観点から文法を身につけていないのですから、このような難民の悩みは当たり前です。

　実際に使えるとは、自分の言いたいことが咄嗟に口をついて出てきて、さらに相手の言っていることをきちんと理解することができる、ということです。
　これには伝わるための正しい主語と動詞の対応関係を、コンマ1秒くらいの速さで、瞬時に頭の中にイメージとして呼び起こさなければいけません。
　最初はゆっくりであっても、慣れてきたら、瞬時にぱっと

正しい対応関係が導き出せるようになるまで、反射神経を鍛えなければいけません。

　これは勉強というよりも、むしろスポーツです。絶え間ないトレーニングによって、**瞬時にパッパッとSV時制の正しい対応がつくれるように、自分の脳みその反射神経を鍛えていく**のです。

　中学生からずっと勉強している文法ですから、みなさん、ある程度の基礎知識はあるでしょう。だから、「文法は点数が取れていたから大丈夫」と自分で納得して、この反射神経をきちんと鍛えるところまでトレーニングをしないのです。数秒かかって正しい対応関係がわかったというレベルで文法はOKとして、他のあまり意味のない知識を詰め込んでいるのです。

　繰り返しますが、この姿勢では英語を話せるようにはなりません。条件反射として瞬時につくれるようにならなければ、実際の会話であわててしまい、自分の言いたいことを伝えることができなくなり、相手の言うことも理解できなくなります。

　英語難民は、SV時制の意味はわかっても、条件反射として出てくる域に達するまでトレーニングすることができないので、実際のシーンでは話せないのです。

## 4.英語の勉強を無理なく毎日続ける方法

「英語はスポーツ」というのはわかったけれど、毎日継続するのは苦手という人がいらっしゃいます。

こんな人には、ちょっと発想を変えることをお勧めします。何か新しいことを継続するのではなく、すでに日々継続していることに、新しい要素を付け加えてみるのです。

その新しい要素とは、言わずと知れた「英語」です。一日中働いて、疲れきって仕事から帰ってきても、ホッと一息ついてリラックスするときに「英語」という要素が入ってくれば、ボロボロに疲れたときでも英語に触れることができます。

どうすれば、こんな風に毎日の生活に英語を取り入れることができるのでしょうか？

それは簡単です。**自分の楽しみと英語をドッキングさせる**のです。ゴルフが好きな人は、疲れて帰って自宅のリビングのソファーにダッと倒れ込み、そのままテレビをつけて、ゴルフトーナメントの英語中継を少し観れば、疲れも忘れてその画面に見入ってしまうのではないでしょうか？　また動物好きな人は、インターネットで海外のかわいいペットの動画を観るのもいいでしょう。海外の犬猫ファンのサイトであれば、このような題材が英語の解説やコメント付きで山ほど出ているはずです。

こうして毎日少しずつでも英語に接してみてください。なぜならば、英語はスポーツだからです。
　日本語を話す環境では使わない筋肉と反射神経を使います。ですから、頭と体の筋肉反射の絶え間ないトレーニングが必要なのです。**英語難民の多くが「英語が話せない」と苦しんでいるのは、この「毎日続ける」ことができないからです。**勉強だと思って新しい習慣をはじめようとすると続きません。必ず挫折します。
　そうではなく、今あるリラックス方法に英語を入れるようにするのです。簡単だけれども、実行するのは難しい。それが毎日継続するということです。楽しみと英語を合わせるということで、毎日継続が自然にできるようになってきます。
　次項ではこの「**毎日続ける**」ということをもう少し具体的に説明していきましょう。

| | |
|---|---|
| 英語貴族 | 「聞く」「話す」「読む」「書く」を一体のものとしてバランスよくトレーニングする |
| 英語難民 | 1つの分野にフォーカスして強化を図る |

# Number 7 「趣味・楽しみ」を英語とドッキング！これなら日々英語に親しめる

## 1. 苦労なく楽に、英語をマスターしたい！

　英語が話せるようなれたらいいけれど、毎日コツコツ努力するなんて、私にはとてもできないし……。あぁ、どうにかして楽に英語が話せるようにならないかしら？

　こんな願いは、誰しも一度は抱いたことがあるのではないでしょうか？

　一番手っ取り早いのは、英語圏に生まれて、学校教育の相当の期間を英語に触れてすごすことです。いわゆる帰国子女になれば、英語でヒイヒイ苦労することはなく、普通の英語界の英語を話すことができるでしょう。
　けれども、英語難民の多くは日本で生まれ、日本で育った人たちです。いまさら帰国子女になることは無理です。

　私の知っている限り、日本で生まれ育った日本人で、その後、英語界の英語を満足に話すことができるようになった人、つまり本書でいう英語貴族になった人は、みなさんそれなりに苦労しています。さんざん試行錯誤を重ねて、お金と時間とエネルギーを使って、英語が話せるようになっています。それでもビジネスレベルの会話になるといまだに苦手……と思っている方が多いようです。

相当の覚悟で海外にわたり、そこで一定期間勉強し、英語に対するエクスポージャーを増やして英語力をアップする。そういうアプローチをとられる方もいます。私もこのような方法で英語力をアップさせました。
　私の場合、本書で紹介するスピーチメソッドを編み出さなかったら、それほど目覚ましい英語力の進歩というものは見られず、「**Exellent**」と呼ばれるレベルまでは到達できなかったかもしれません。

　「楽に英語をマスターしたい」という願いには、「それは無理だよ、楽な方法なんてないよ！」と言わざるを得ないのです。「苦労せずに」「楽に」なんて、あり得ないと、帰国子女ではない英語貴族のみなさんもおそらく口をそろえておっしゃると思います。

　けれども、たった一つ例外があります。帰国子女でもないけれど、本当に苦労をしないで、楽しみながらラクに貴族の英語を身につけていった人を、私は知っています。
　その人の話を紹介することが、みなさんの参考になると思いますので、ここでその人の英語習得方法をお話しします。

## 2.ラジオ英語講座で英語をマスター！

　私は以前、NHKのラジオ英会話講座を聴いていました。そ

の年の講座が1年間のカリキュラムを終えて、そろそろ終わりになるという頃、長年このラジオ講座の講師を務めた先生が講師を辞めるというアナウンスがされました。

　翌月かその翌月、あるラジオ視聴者から、この講師の先生に宛てて書かれた手紙が、ラジオ講座のテキストに紹介されていました。

　それは、あるタクシーの運転手さんから先生へのお礼の手紙でした。その運転手さんは毎日毎日仕事中にずっとラジオの英会話講座を聴いていたのです。お客さんのリクエストで、チャンネルを変えることもあったと思いますが、とにかく、基本はこのラジオ英会話講座を四六時中つけて、ずっと聴いていたというのです。

　毎日朝昼晩と繰り返し聴き続け、5年たったとき、この運転手さんは一念発起して、仕事を辞めて単身アメリカに渡ることを思いついたそうです。

　仕事柄、国は違ったとしても、運転はお手のものだったのでしょう。レンタカーを借りてアメリカの街をあちこち訪ねながら、アメリカ大陸をずっと横断していったのです。

　どのくらいの間、アメリカ大陸を放浪していたのかわかりませんが、その間になんと現地で奥さんを見つけ、めでたく結婚したという結末が書かれていました。「それもこれも、先生のおかげだ、ありがとうよ！」という言葉で、この手紙は締め括られていました。

## 3.継続はチカラなり！

　テキストでこの手紙を読んだとき、私は「世の中には思いがけないことがあるものだなぁ」と感心する一方、この運転手さんの「冒険者」とも言えるようなバイタリティにとても敬意を表したものでした。

　私がここで声を大にして強調したいのは、**「継続のチカラ」**です。

　ラジオの英会話講座はだいたい一日に３回同じ放送が流れます。午前・午後・夜と決まった時間に同じ内容が繰り返し流れてきます。一日ずっとタクシーに乗っていれば、一日に最低３回は同じ放送を聴いて、３回自分の声で発音し繰り返すという練習の場が与えられるのです。

　もちろん、お客さんを乗せているときは、声を出して繰り返す練習はしなかったでしょうが、一日中聴いて、覚えて繰りかえす、その量だけでも、最低１時間にはなるのではないでしょうか。

　NHKのラジオの英語講座は、「基礎英語」「英会話」「ビジネス英会話」と、ほとんど途切れることなく、一日中ずっと放送されています。そのすべてをずっと聴いていたとしたら、恐ろしいほどたくさんの英語のエクスポージャー（経験）が得られることになります。

この運転手さんの手紙の書きっぷりからすると、おそらく非番で自分がタクシーに乗らない日も、ラジオ講座だけは欠かさず聴いていたようです。それを5年間続けたのです。

　大変失礼かもしれませんが、この運転手さん、ワン・ツー・スリーという英語のカウントも満足にできない、超ドメスティックな日本のオヤジだったのではないかと予想します。
　それが単身アメリカにわたり、自分でレンタカーを借りて、広い荒野を車で縦横無尽に駆け抜け、現地で多くの人と出会い、さまざまなコミュニケーションを経て、人生の伴侶を見つけるまでの英語力を身につけたのです。
　その意味で、この運転手さんは、英語難民から身を起こして、見事に英語貴族になったお手本と言えるのではないでしょうか？
　この運転手さんの貴族英語になるためのアプローチについては、以下の2つの重要なポイントを指摘できます。

### ❗ ポイント❶ 楽しく、自然に継続！

　まず、**毎日毎日欠かさず英語に接し、英語に触れることを止めずに継続し続けた**という点です。
　この継続を可能にするために、英語をうまく自分の生活の中に組み込んでいたのです。ラジオを聴きながら仕事をする、この当たり前の事柄をとてもうまく利用して、運転手さんは、

英語のエクスポージャーをどんどん高めていきました。あるときはお客さんを乗せて走っている西新宿はマンハッタンに変化し、またあるときは客待ちをしている銀座の交差点がニューヨークのフィフスアベニューのように映ったことでしょう。

**毎日続けるということが、貴族になるためのとても重要なポイント**です。貴族になる実践的なトレーニングの前に、その基礎トレーニングとして、毎日続けるということが大前提になっているのです。

けれどもこの「毎日続ける」ということが、英語難民の人にはなかなかうまくいきません。日本語だらけの生活の中で日々暮らしているので、意識しなければ、まったく英語に触れずに一日が終わってしまうのです。

この難しいことを続けるには、発想の転換が必要になります。つまり「英語を継続する」と決意するのではなく、**すでに継続している習慣に英語を入れ込む**のです。

運転手さんが日常継続していたこと、すなわちタクシーを運転することに、彼は英語の要素を組み入れたのです。その意味で、この運転手さんは英語習得の達人と言えるでしょう。

### ❗ ポイント❷ 自分の楽しみと英語をドッキング

もう一つ重要な点があります。**自分の楽しみと英語をドッ**

**キングさせる**ということです。

　この運転手さんにとっての楽しみ、それは英会話を聴きながら、まだ見ぬアメリカに思いをはせて、そこを車で横断する計画を立てることでした。

　ラジオ講座を聴き始めたときは、それはおそらく大それた夢、実現するはずもない夢物語だったかもしれません。でもこの運転手さんにとっては、日々英会話を聴いていくうちに、その夢がどんどん膨らんでいったのです。

　マナーの悪いお客から文句を言われたり、渋滞の道路で接触事故にあったり、運転手をしていて落ち込むような嫌なことがあったときでも、この運転手さんはラジオを欠かさず聴いていたのだと思います。そうして自分のストレスや悲しい気持ちを、「アメリカに行く」という夢を描くことで、うまく解消していたのではないでしょうか？

　タクシーの運転手さんですから、もともと車の運転は嫌いではないはずです。そんな人が「好きな車に乗ってアメリカの広大な大地をすっ飛ばしたら気持ちいいだろうなぁ……」というイメージを抱く。これが楽しくないはずはありません。

　アメリカの地図を眺めながら、英会話講座のスキットで描かれるアメリカの風景を想像する。そうして英会話のテキストに目を向ける。こうして昼休みや客待ちの間も、この運転手さんは英語とアメリカ横断のことを絶えず空想していたのだと想像します。

この運転手さんにとって、ラジオ講座を聴くことは苦痛だったでしょうか？　そんなわけはありませんね。むしろ、毎回毎回の放送で繰り広げられるストーリーの展開が待ち遠しくて仕方がなかったに違いありません。
　こうして、ラジオを聴いて、内容を音読し、自分で表現を覚えていくうちに、この運転手さんはいつしか自然と英語をマスターしてしまったのです。

　彼こそが「最も楽にゼロの状態から英語をマスターした人」です。彼は、英語を苦痛に感じることもなく、「毎日続けなくちゃ」とプレッシャーに感じることもなかったハズです。
　逆に車を運転しながら日々英語を自然に楽しんでいただけなのです。そして、気がついたら５年間、聴き続けていて、単身アメリカ横断をするぐらいの英語力が身についていたのです。

　あなたはこのタクシーの運転手さんの話をどのようにとらえますか？　あまりに突飛で自分の参考にはならないと思うでしょうか？
　私はそうは思いません。彼がやったことは、私が何度も繰り返していること、すなわち**日々の生活に英語を取り入れ**、車の運転という**自分の楽しみとドッキング**させ、日々英語に触れるということを自然に継続しただけです。生活に取り入

れることができれば、英語の継続は誰にでも可能になります。

## 3.英語のエクスポージャーとは？

　自分の英語力が一番伸びる環境というのは、英語に対するエクスポージャー（**exposure**）がとても高い環境です。これまで何度か触れましたが、この「エクスポージャー」についてちょっと解説しておきます。

　**exposure**、これも日本では正しく使い方が理解されていない英単語の一つです。英語を話したり書くときには、このエクスポージャーの使い方に特に注意が必要です。
　エクスポージャーというのは、特定の環境に対して自分自身をとことん「**さらす**」ことです。
　ある一定の条件が満たされた環境に自分自身をさらしつづける、という意味です。自分自身が布切れか何かで、バケツの中の液体にドップリとつけられ、その液体が布の繊維の隅々にまで染み渡るような状態をイメージしてください。
　このような状態に自分を置いて、ある液体に徹底的に自分自身を漬け込みます。こうして得られる経験を「エクスポージャー」というのです。

　英語に対するエクスポージャーを高める、すなわち英語にどっぷり漬かるには、英語が話されている環境に自分の身を

## 英語難民

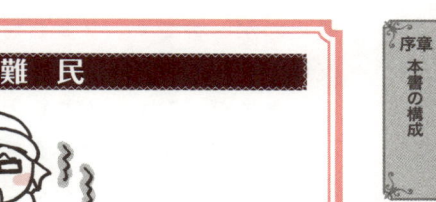

英語のエクスポージャーが足りない状態にある

## 英語貴族

英語のエクスポージャーが十分な状態に身を置いている

置くのが一番です。テレビをつけても英語、街に出ても英語、友達とも四六時中英語で話す、という環境が最も英語に対するエクスポージャーが高いと言えるでしょう。

　海外に留学する人はエクスポージャーを高めることで、自分の英語力がアップすることを期待しているのです。

　しかし、多くの日本人はここ日本に住んでいます。誰もがみんな海外に出ていって、このような環境に自分自身をどっぷりと浸すことができるとは限りません。
　そうです、日本にいて日本語で生活する人にとって、英語へエクスポージャーする機会は極めて限られているのです。

　では、日本でまったく英語にエクスポージャーする機会が得られないかというと、そうではありません。
　実は、**生活のあらゆる場面は英語にすることができる**のです。自分の意志と工夫によって、自分の生活のすべてを英語のエクスポージャーで埋め尽くすことだって、無理な話ではないハズです。
　数か国語を話す天才数学者のピーター・フランクルさんは、日本語を勉強するとき、自分の部屋に日本のポスターを貼りまくり、日本のテレビを見て、正座してお箸で日本食を食べて……と自分の生活空間の何から何までを日本づくしにしたそうです。

私たちは、日本で生活する日本人ですので、何から何まで英語づくめにすることはちょっと難しいでしょう。それなりの気合とこだわりが必要だと思います。
「自分にはできない」とあきらめてしまう方もいるかもしれませんし、「よし」と思っていろいろ英語漬けにしてみても、結局は長続きしないかもしれません。
　それならば、最初から徹底した英語づけを目指さなくても構いません。「**身近にできるところから少しずつ生活の中に英語を取り込んでいく**」という方法をどうぞ試してください。

　まずは新聞、テレビ、音楽など、どれか一つを英語に変えてみましょう。毎日毎日、英語の歌を口ずさんでみる、一日必ず一つは英語でメールを打ってみる。これだけでも継続するのは大変だと思います。
　しかし、こうしたプチ習慣を日々の生活に取り込むだけでも、英語のエクスポージャーが高まるという意味では、だいぶ違ってくるのです。

| | |
|---|---|
| 英語貴族 | 毎日自然に英語に触れる習慣をつくる |
| 英語難民 | 週に1回でも集中的して勉強する |

## Number 8 英語学習継続のカギは満面の笑顔

### 1. 疲れた日でも、自然に英語に接するには？

　毎日の生活で起こる出来事は、大きく分けると良い（ポジティブな）ことと悪い（ネガティブな）ことの2つしかありません。

　したがって、ポジティブとネガティブ、両方の出来事と英語を関連づけるようにすれば、毎日自然に英語に接することができるようになります。

　良い出来事を体験したとき、そこに自分の楽しみを加えてみれば、ポジティブなエネルギーがさらに増幅され、楽しみが何倍にも広がっていきます。

　逆に、悪いこと、自分がストレスを感じる嫌なことを体験したとき、自分が心の底から楽しめることをやったり、あるいは楽しいことをイメージすれば、この嫌な経験が軽減され、ストレスをうまく発散できます。

　つまり、自分が好きなことするというのは、自分の趣味で嫌なネガティブな経験をデリート（消去）することなのです。

　この**楽しいこと、好きなことを取り入れれば、日々楽に英語に接することができます**。つまり、あなたの趣味に英語という要素が入り、良いことがあっても悪いことがあっても、あなたは日々のエクスポージャーを得ることができるのです。苦労することなく、楽に毎日、英語を継続することが可能に

なります。

　では、どうやって自分の楽しみを見つけるのか、趣味にどうやって英語を取り入れるのか、具体的にお話ししていきます。

　あなたに質問です。あなたが心の底から満面の笑顔になれるのはどんなときでしょうか？　本当に楽しいと感じられるのはどんなときでしょうか？

　紙を用意して、どんなときに自分が最高の笑顔をしているか書き出してみてください。最初はなかなか浮かんでこないかもしれませんが、少し考えると、自分の笑顔の瞬間が２つや３つは思い浮かんでくると思います。
「英語の上達の仕方を知りたいのに、どうしてこんな関係ないことを？」と疑問に思う方もいるかもしれませんが、ちょっと我慢してこのエクササイズをやってみてください。

　これは、自分の幸せの瞬間を見つける上でとても大切です。
**幸せが見つかれば、英語とのドッキングが可能になります。**
英語と楽しみがつながれば、「毎日続ける」ことが本当に楽になります。英語をマスターしようと思ったら、まず自分が楽しい時間はどういうときなのか、それを考えるのが一番の近道なのです。

## 2. 趣味とのドッキングでモチベーションアップ！

「あなたが一番楽しそうな表情をするときは？」という質問に、「テニスで会心のショットを打ったとき」という答えがあるとします。とすると、この人の大好きなことはテニスです。

そうであれば、毎日の生活にテニスのネタと英語を浸透させればいいのです。毎日見ているニュースを英語放送にして、CNNやBBCなどでテニス大会の様子をちらっと眺めるようにすれば、生活にばっちり英語とテニスが入ります。

自分の好きなテニスプレーヤーのインタビューを見てもいいでしょう。あなたの尊敬するテニスプレーヤーがいれば、その人の伝記を英語で読むのも楽しいと思います。

このとき注意することは、本を最初から読んではいけません。特に成功者の伝記は、下積み時代など辛い経験から始まることが多いのですが、この苦労話は表現が難しく退屈なので、読んでいる途中で挫折してしまいます。「ウィンブルドンで優勝！」など面白くてドラマ性のあるところから、どんどん読み進むようにしてください。

もし大好きなテニスプレーヤーが英語で何か言い、あなたにはそれがまったく聞き取れなかったとします。何を言っているのか本当に気になってきたら、あなたはそのプレーヤーの言葉を理解しようとして、より一層身を入れて、英語を学

んでいこうとするのではないでしょうか？

**趣味と英語のドッキングは、このように学習のモチベーションを上げるときにも役立つ**のです。

## 3.テニスコート破りでレベルアップ

先ほどのテニスの例に戻りましょう。

毎日英語でテニス関連のニュースやインタビューを見て、好きなプレーヤーの自伝も読み進め、少し自分の英語力に自信がついてきたら、実際に外国人とテニスについて会話してみましょう。

インターネットや口コミで外国人が集まるようなクラブを調べ、そこに出張してプレーするのです。まさに英会話の実戦、道場破りならぬテニスコート破りをやってみましょう。

最初は相手の言うことをあまり聴き取れないかもしれませんが、自分の言いたいことをネイティブとのチェックを通じて、きちんと伝わる英語にします。これを覚えて実戦で使ってみるのです。

実際に相手がいることですから、プレッシャーもかかり、緊張の度合いは並ではないと思います。けれどもその分、しっかり身につくと思って、この実戦、テニスコート破りを体験することをお勧めします。

次章では、スポーツのトレーニングのように、英語筋肉と反射神経の鍛え方をより具体的に見ていきましょう。

| | |
|---|---|
| 英語貴族 | **自分の趣味と英語をドッキングさせている** |
| 英語難民 | **自分の趣味と英語は切り分けている** |

## 第1章のまとめ

- 英語貴族とは、コミュニケーションの道具として使える英語を話す人のこと

- コミュニケーションとは、自分の言いたいことを100パーセント伝えられ、相手の言っていることが100パーセントわかること

- 自分がわからないこと、それを相手に伝えられれば、外国人恐怖症はなくなる

- 英語はスポーツだと認識する

- SV時制条件反射とワードチョイスができないのが英語難民。これができるとgoodな貴族の英語になる

- 「話す」「聞く」「読む」「書く」は一体のもの。分けて学習してはいけない

- 英語貴族になるカギは、学習を楽しみ継続すること

- 自分の楽しみと英語をドッキングして生活に取り入れれば、英語のエクスポージャーが高まり、毎日、楽に継続できる

## COLUMN 1

### 英語がスポーツである理由

　英語を勉強だと思うと、知識の詰め込みに終始してしまいがちになります。英語難民の中に「よくわからないけれど、とにかく試験に出るイディオム（熟語）だから覚える」という姿勢の人をよく見かけます。また「英語の文章を日本語にして意味を把握したい」と英文和訳に躍起になる人も少なからずいます。

　しかし、このようなアプローチは、実践という観点からはナンセンスです。

　実はグローバルで人種を問わず皆が英語で話したり議論する場では、イディオムは実際にはそれほど使われないのです。

　私も留学時代、及びその後の外資勤務時代と、かなりの期間、「英語界の英語」を使ってきましたが、「あぁ、これは大学受験勉強のときに覚えたイディオムだな、覚えておいてよかった」と思ったことは一度もありませんでした。

　逆に、実際の英語界で非常によく使われるイディオム「in terms of 〜」（〜について）という熟語は、学校教育では一度も習いませんでした。これほど頻出の熟語を習わず、どうしてそれほど使わないものを真剣に覚えなければいけなかったのか、未だに疑問です。

　試験というのは、究極的には点数をつけて差別化するためのものですから、細かいところを問題として聞いてくるのは致し方ないでしょう。英語を勉強だと認識すると、このように、覚えることに気がとられてしまって、実際のコミュニケーションで必要になる重要な言葉を見逃してしまうことになります。

　英語はスポーツだと考えると、このような間違いを防げるようになります。野球でもゴルフでも、成功者の体験を聞いたり、いいプレーを見たり、スイングのコツを人に聞いたりして上達のヒントを得ることはみなさんも心がけていることと思います。けれども、それだけでは自分のスキルが上がったことにはなりません。知識やヒントを聞いたら、それを実際に使ってみて、自分の体で体験、体得していかなければいけないのです。

　「あの人はあんなふうに簡単にやっていたのに自分はできない、いったい何が違うのだろう……」と試行錯誤を繰り返し、フォームやポジションをチェックしていきながら、上級者の微妙なタイミングや言葉では伝えられないコツを覚えていくのです。

　英語は、知識を仕入れる勉強ではなく、体で覚えるスポーツ。このスタンスが大事だということをよく理解してください。

# 第2章

## 英語貴族になる基礎トレーニング

# Number 1 英語難民は知識の肥満体質！アスリート体型への変身が必要

## 1. 筋肉と骨格を鍛える

　第1章では、英語貴族になる上で基本になる心構え、まずやるべきこととやってはいけないこと、あまり効果がないことなどを私の体験も交えて具体的にお話ししました。
　いよいよ本書の中心であるトレーニングメソッドに移りましょう。

　ここまで「**英語はスポーツ**」ということは繰り返し述べてきましたので、英会話の特訓として「トレーニング」という言葉が出てきても、みなさんにはすんなり受け入れていただけると思っています。
　目指すのは、コミュニケーションがきちんとできる英語貴族です。**英語貴族になるためには、自分の体をアスリート体質にし、筋肉を鍛え、骨格をしっかりさせなければいけません。**
　とはいっても、英語とこれらのトレーニング用語のつながりは、一瞬ピンと来ないかもしれません。
　ですので、まず、これらトレーニング用語が実際には何を指しているのか、英語におけるトレーニングとはどういうことなのか、その流れを簡単に説明します。

## 2. なぜ英語難民は肥満体質なのか？

「難民＝痩せている」という世の中のイメージとは反対に、英語難民の人は、必ずと言っていいほど、英語肥満体質です。**「英語肥満体質」とは、知識ばかりを詰め込んでそのアウトプットがうまくできない、上手にエネルギーとして燃焼できない体質**を言います。**貴族になるには、肥満体質から、脂肪が燃えやすいアスリート体質にしていかなければいけません。**

その際にキーとなるのが、自分が言いたいことに焦点をおいた適切な英語表現です。本書では、これを「**フロー**」と呼びます。このフローをつくることがアスリート体質への第一歩です。

フローをつくっただけでは、まだ十分ではありません。これをいつでも取り出せるように、自分の筋肉の一部とするまで覚えこみます。これが「**フローの筋肉化**」です。

フローをつくり、それを自分の筋肉にする。このプロセスでは、自分が話す内容の論理性、つまり骨格バランスがとても大切になります。フローの筋肉化も英語貴族へのレベルアップも、この骨格バランスにかかっているのです。

多くの英語難民の方が、多くのお金と時間とエネルギーを割いても、まだ英語が話せるようにならないのは、スポーツとしての取り組みをしていないからです。

ここでは「スポーツ」としての英語習得方法をみなさんに詳細にご紹介します。

| | |
|---|---|
| 英語貴族 | 知識をフロー化した「英語アスリート体質」である |
| 英語難民 | 知識を貯め込んだ「英語肥満体質」である |

## 英語難民

知識(文法、単語、イディオムなど)の取り込みに一生懸命で、
会話で活かしていない肥満体質

## 英語貴族

取り込んだ知識(文法、単語、イディオムなど)を
うまく燃焼させているアスリート体質

# Number 2 ストック中心の英語難民、フロー中心の英語貴族

## 1. 知識たくわえ型と有効活用型

　多くの日本人は、両親が日本人で、日本で生まれ、日本語を話す環境で育った人々だと思います。

　こうした日本人が中学に入ってから英語を習い始めます。基本文法や基本単語からはじまって、教科書に載っている様々な表現を通じて、英語の「知識」を増やしていきます。そして、中学の3年間で英語を勉強し、後は受験勉強として、試験に出る英単語、試験に出る文法、イディオム、英文和訳という「勉強」を繰り返していきます。

　かつてやった「勉強」を通じた「知識」の習得を振り返ってみましょう。ネイティブから英語を直に聞く機会があったでしょうか？　自分の言いたいことを英語にする、それが正しく伝わるかチェックする、そのような練習ができたでしょうか？

　ほとんどの学校では、このようなコミュニケーション能力を重視した英語教育は行われていないでしょう。日本の英語教育に問題があるのです。

　多くの日本人はこの問題のある受験英語の延長を、黙々と永遠に繰り返しているので、英語難民から脱出できないのです。

「受験英語」と「コミュニケーションのツールとしての英語」の違いを下記に表にしてまとめてみました。

|  | 受験英語<br>(英語難民のスタンス) | コミュニケーションの<br>ツールとしての英語<br>(英語貴族のスタンス) |
|---|---|---|
| 英語とは<br>何か？ | 勉強科目の一つ、試験に<br>向けて暗記する | 勉強ではない、スポーツ、<br>身体能力を鍛えるもの |
| 焦点を<br>当てる<br>スキル | 聞く、話す、読む、書く、<br>のどれかにフォーカス | すべては一体のもの、聞く、<br>話す、読む、書くはバランス<br>よく、総合的に鍛える |
| 何を重視<br>するか？ | 英文和訳、試験に出る文法、<br>単語、イディオム | 実践で必要最小限の文法<br>(SV時制条件反射)、適切な<br>ワードチョイス |
| 点数化、<br>差別化 | 上記知識をいかにたくさん<br>覚えているか？<br>という知識の量 | 実戦を通じて、コミュニ<br>ケーションができるか、<br>言いたいことが100%<br>伝わるか？　相手の言い<br>たいことがわかるか？ |
| 英語レベル<br>の把握方法 | 知識の量が増える、英語試<br>験の点数が上がると自分の<br>英語力がアップした気持ち<br>になる | 英語の実戦を通じてチェッ<br>ク、自分の伝えたい内容が<br>理解されたか、相手の<br>言うことが理解できたか、<br>これを判断の指標にする |

　実際のコミュニケーションの場で、受験英語のスタンスがどれほど役に立つかというと、はっきり申し上げてほとんど役に立たないのです。

実際の英語を話すシチュエーションでは、**頻出する単語、よく使う言い回しがあり、これらの単語やフレーズをきちんと間違えなく使えるようになることの方が、滅多にお目にかからない単語を覚え込んでいくよりも、はるかに重要**なのです。

**「たくわえ」に対するこだわりを捨てて、自分がすでに持っているものを有効活用し、何とかやっていこうとする**のが、英語貴族のスタンスです。

このスタンスでは、細かい内容を気にしません。とても細かい内容の暗記や、知識の習得だけにフォーカスする態度はスパッと切り離します。

自分の言いたいことが、本当に伝わっているか、相手の言うことがちゃんと理解できるか、そこにフォーカスする考え、それが有効活用型の考えなのです。

## 2.SV時制とワードチョイス

有効活用型のもとでは、必要最小限のことにフォーカスします。それは**最小限の文法知識（SV時制）と正しいワードチョイス**です。

前者は、ネイティブが英語を発するときに頭の中でつくっている構造を、日本人である我々もつくろうというもので、英語を話す上での土台になります。

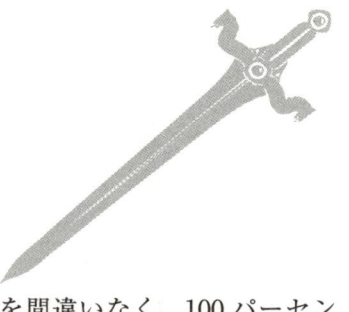

後者は、自分の言いたいことを間違いなく、100パーセント伝わるものに変える言葉の使い方のテクニックです。

本章でこれから詳細に説明していきますが、この２つのスタンスをきっちりと押さえていれば、自分の言いたいことを間違いなく伝えることができます。

英語貴族のスタンスとは、知識のたくわえに終始しない、この有効活用型であることを忘れないでください。

## 3. フローとストック

かつて私が不動産鑑定士の勉強のために経済学を学ぶ中で、「**フロー**」と「**ストック**」という言葉を習いました。

一定の期間を区切って、その中で数量や内容を計測・判断するものを「フロー」といい、過去から現在までの間に累積された累積残高に当たる概念を「ストック」と言います。

たとえば、過去１年間の日本の輸出・輸入量は「フロー」としてとらえる数値であり、これまでみなさんが払った年金は年金基金の累計額、すなわち「ストック」としてとらえることができます。

「フロー」とはもともと流れ、「ストック」はたくわえという意味ですから、この意味からイメージをつかんでいただいてもいいかもしれません。

「フロー」は順次流れていくもの、「ストック」は積み上がって堆積していくもの。細かい定義はいろいろあると思います

が、大まかに言えば、これが基本的なフローとストックの違いです。

　英語難民の人から、「どうすれば英語ができるようになりますか？」と聞かれたとき、私はまず「あなたはどうやって英語を勉強していますか？」と聞き返すことにしています。
　ほとんどの英語難民の人は、同じような特徴のある勉強方法をしています。それは「ストック」中心ということです。彼らの勉強法は、本やインターネット、参考書などあらゆるものから「これは便利、これをいつか使おう」という知識を積み上げることにのみ力を注いでいるという感があります。

　今自分が一番伝えたいこと、コミュニケーションの流れを作ることにはあまり関心を置いていないのです。この英語難民の勉強方法をわかりやすく説明するものとして、私は「ストック」と「フロー」というイメージを使ってはどうだろうか、と考えました。
　次ページの表に、英語習得における、フローとストックの違いをまとめてみます。

　まず、ストックは、参考書やテキストなどから出てきた表現ですので、会議、接待、プレゼンなど特定の場面を前提にしています。ですから、そこから学ぶ表現は特定の場合にしか使うことができないのです。

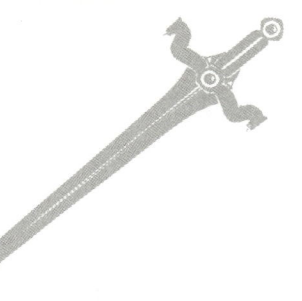

英語難民　　　英語貴族

|  | ストック<br>Stock | フロー<br>Flow |
|---|---|---|
| もとに<br>なるもの | 状況、場面がありき、 | 自分の感情、表現したい内容（自分の体験したビジネスシーンに限る） |
| 実効性 | 自分がぴったりと適合する表現を見つけることができたときにのみ有効 | 表現したい場面ごとに、表現したい内容を英語にしていくので、常に有効 |
| 適切性、<br>表現として<br>伝わるか？ | 状況に適合する可能性は低い | 常に100パーセント適合する |
| 具体例 | これだけビジネス会話100<br>伝わる表現100<br>最低イディオム<br>でる単語 | 明日のプレゼンを英語にし、ネイティブチェックを受けたもの、自分の日記をネイティブに修正してもらったもの |

ストックは「場合・シチュエーション」ありきの表現を抜き出し、これをため込んでいくものですが、フローは違います。**自分の感情や意見、つまり自分が、今一番表現したい内容にフォーカス**します。場面ありきではなく、あなたのフィーリングありきなのです。ですから、今一番伝えたい内容を英語で伝えるための最適な表現になります。

　ストックの場合、ある状況で自分の意見や感情を伝えようとするとき、過去に積み上げた表現集から切り取って貼り合わせなければいけません。今あなたが本当に伝えたい内容を適切に表現することはほとんど不可能と言っていいでしょう。このような切り貼り表現はネイティブが聞くと「おやっ？」と思うような奇妙な表現になりがちで、あなたが本当に伝えたいことを適切に伝えるのには不向きです。

　一方、フローは自分の伝えたい感情からスタートしていますから、どのような場面でも間違いなく相手に伝わります。具体例で説明しましょう。

　明日、仕事のプレゼンをしなければいけないとします。ストック中心の英語難民は、グーグルの翻訳や過去に出版された「〇〇表現集」「プレゼンに欠かせない一言集」などをかき集め、そこから使えそうな表現を切り貼りし、パッチワーク的にプレゼン原稿をつくります。

　英語貴族のフローアプローチでは、まず自分の言いたい内

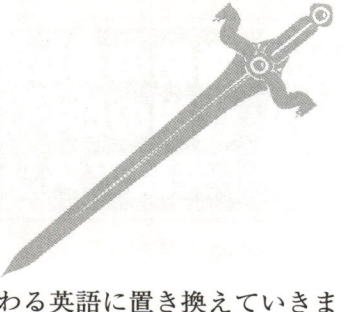

容を日本語でつくり、それを伝わる英語に置き換えていきます。ですから、自分が言いたいときに、伝えたい内容がちゃんと通じる英語になって出てきます。

　このフローとは何か、そしてどうやってそのフローをつくるのか。それはこの章の第4項で詳細にお話しします。ここでは、ストック中心の難民の英語、フロー中心の貴族の英語という違いを頭に入れておいてください。

| | |
|---|---|
| 英語貴族 | 自分の言いたいことを英語で伝えられることを重視する |
| 英語難民 | 試験の点数が上がれば英語が話せるようになると思っている |

# Number 3 脂肪の多い「英語肥満体質」から代謝のいい「英語アスリート体質」へ

## 1. 知識を貯め込んでも英語を話せない理由

　英語難民の人は、英語を勉強するいろいろなシーンで「これをやっていてはダメ！」と私が思っている勉強方法をしています。「英語を話せるようになりたいから」と受験英語の勉強方法を繰り返す。これが意味のないことは第1章でお伝えしました。

　ここでもう一つ、**「知識のたくわえは百害あって一利なし」**ということをお話しします。前項の知識たくわえ型と同じ発想ですが、ここではさらに実際のデメリットを指摘したいと思います。

　「知識貯め込み、蓄積型」の人は、知識を貯めていると、いざというときのために備えて、英語力がついているように安心してしまいます。

　では、実戦（英会話の場面）でたくわえたことが十分に効果を発揮しているかどうか、そのポイントを確認してみてください。

　いざというときのためにたくわえた知識が十分役に立っていない、威力を発揮していないのであれば、知識は実戦で使えないものになります。

　体でたとえれば、必要なエネルギー以上のたくわえは、使われない脂肪と同じです。

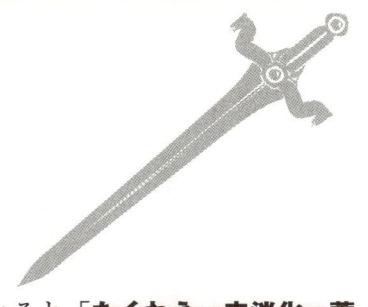

使わない知識を貯め込んでいると、「**たくわえ→未消化→蓄積→たくわえ→未消化→蓄積**」というサイクルが定着していきます。せっかく接取しても、コミュニケーションの役に立っていない知識が蓄積していくのです。
　この過程はエネルギーにならない栄養素が脂肪として体に蓄積されていく過程と同じで、これがやがて慢性化していくと、肥満体質と同様、英語肥満体質になっていきます。

　それでは、どうすればこの英語肥満体質を改善できるのでしょうか？
　もう少し体の例を使って、英語肥満体質改善策を考えてみましょう。
　チェックポイントとしては、まず**「接取」する内容を考えてみる**ことです。食べる内容、食べる量、そのタイミング、これらはすべて適切でしょうか？　言い換えると、自分が欲しいものを、欲しいときに、自分の体が消化できる量で、摂取しているでしょうか？　これが体の許容量をオーバーしていれば、肥満につながります。
　英語もこれと同じです。自分が本当に話したい内容を、伝えたいときに、自分が使いこなせる量（ボリューム）で伝えること。これを考えて英語をインプットしなければいけません。

　次のチェックポイントとして、「**摂取した物は必ずすべて燃**

**焼する**」という点を考えてみましょう。

　食べ物を摂ったら、運動をしてそれを燃焼します。適度なエクササイズを行い、筋肉をつければ脂肪はとても燃えやすくなります。

　英語にもこの法則を当てはめてみましょう。体に入れた知識は、自分で使いこなせる情報として頭と五感に定着させましょう。

　いざというときのために、備えて貯め込むことをしないで、今すぐ使うために、今一番言いたい内容を体の五感に覚え込ませるのです。

　さらに言えば、これは「**その場で入れた知識は実戦で使って必ず自分のものにする**」というトレーニングを意味しています。きちんと実戦で使うことで、知識は自分の血となり、肉となって、あなたの体に定着します。

　こうして血となり肉となった知識はいつでも実戦で使うことができます。いつでも使うことができれば、体の新陳代謝が高まっていくように、英語代謝がぐんとアップしていきます。

## 2.知識を筋肉化すればアスリート体質に

　取り入れた知識や単語をその場で消化して、自分のものにすることができたら、そういう人を「英語アスリート」と呼

## 英語難民

- 知識摂取
- コミュニケーションの機会
- 知識過多、不適材不適所
- コミュニケーション手段として機能しない
- 使えないツールのまま蓄積

## 英語貴族

- 知識摂取
- 知識をフロー化
- コミュニケーションの機会
- フローの筋肉化
- 知識の完全燃焼

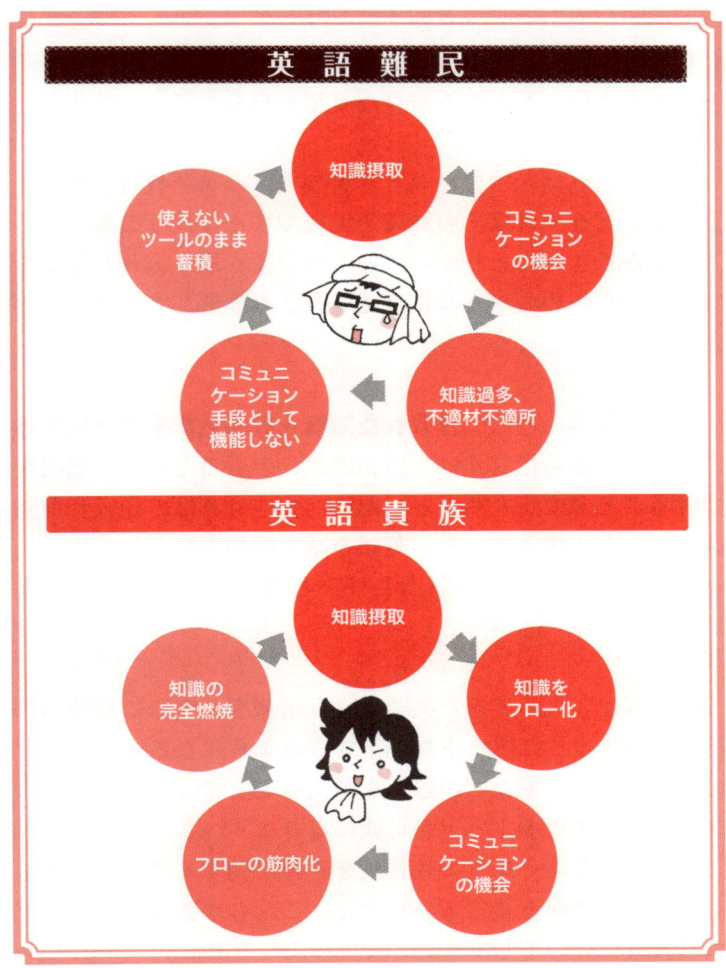

---

序章　本書の構成

第1章　英語貴族が教える日々英語に親しむ方法

第2章　英語貴族になる基礎トレーニング

第3章　必ず英語貴族になれる！スピーチトレーニング

付録　SV時制条件反射トレーニング

べるのではないでしょうか？

　英語アスリートは自分の筋肉になった英語表現を、ここぞというときに、テキストを見なくても自分で正しく使うことができます。

　言い換えれば、アスリート体質の人は、英語教材と接したときに、どうすればその知識を実践ですぐに使うことができるのかが、きちんとわかっているのです。取り入れた知識を実戦で使うためのツールに変える方法を理解しているタイプとも言えるでしょう。

　英語貴族への道は、**仕入れた知識を貯め込まずに燃焼する**ことです。さらに言えば、脂肪燃焼への近道となる、**筋肉をつける**ことです。きちんとした筋肉をつければ、仕入れた知識はどんどん燃えていき、英語を話す原動力になります。

　では、英語における筋肉とは、どのようなものでしょうか？

　目や耳から入ってきた英語という情報を、実際に自分の母国語を話すようにアウトプットできるようになるまで、自分の目、耳、口、脳などの器官を鍛えることによって、英語のスムーズなアウトプットが可能になります。さらに「英語」という特殊なルールを持つ言葉を瞬時に発することができるように反射神経を養っていくこと。これも重要な筋肉化の流れに入れていいでしょう。

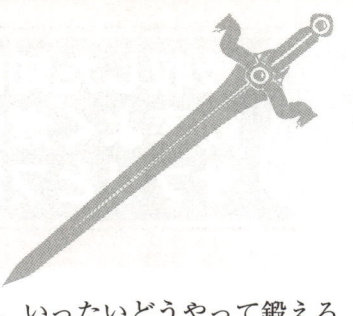

では、英会話における筋肉は、いったいどうやって鍛えることができるのでしょうか？　まず、自分の言いたいことが正しく伝わる適切な英語表現を何度も聞いて繰り返します。

　頭で思ったことが、とっさにそのまま口をついて出る。しかし、出てくるのは日本語ではなく英語。そうなるまでトレーニングすれば、その英語は間違いなくあなたの筋肉になっていると言っていいでしょう。

　ここまでくれば、このキチンと伝わる表現がすでにあなたの筋肉となり、実のある英語になっています。この**繰り返し口に出して発声すること**が筋肉化のエクササイズです。

　次項ではアスリート体質に欠かせないフローと、この筋肉をつくることをさらに解説していきます。

| | |
|---|---|
| 英語貴族 | 得た知識はすぐに実戦で使って、体に定着させる |
| 英語難民 | いざというときに備えて使える知識を増やす |

## Number 4 吸収した知識を効率よく燃焼！サプリとフローを身につける

### 1. 消化吸収に必要なのはフロー

　本章で触れたフローの特徴をもう一度復習しておきましょう。フローは「いつか使おう」として貯め込んだ表現ではありません。自分が今一番伝えたい、言いたい内容が、きちんと伝わる英語になったもの。これを「フロー」と呼んでいます。

　このフローが英語界の英語です。すなわち、国際会議やセミナーなどのグローバルな場で確実に理解してもらえる表現です。

　前項と同じように、食べ物の例を使って説明します。まさに自分が今食べたいものを食べている、あるいは水分やたんぱく質など本当に体が欲する栄養素を体に取り入れている状態を想像してください。

　一方で、みなさんの中には、お腹は空いていないけれど、話題になっているから、体にいいらしいからという理由で食べ物をとる方がいます。あるいは、今摂取しないと命に係わるというニーズがあるわけではないけれど、この先お腹が空くかもしれないからと、将来に備えて栄養素を入れておくという食べ方もあります。

　前者と後者、お腹が空いて食べる食物と、お腹は空いてい

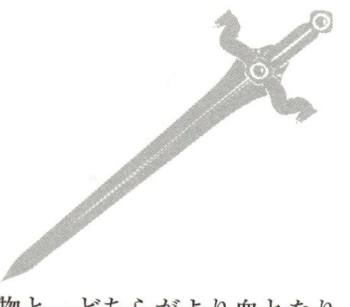

ないけれど別の意図で食べる食物と、どちらがより血となり肉となりやすいでしょうか？

　言うまでもなく、前者の方がすぐに血となり肉となって、あなたの体に吸収されていくでしょう。

　英語表現もこれと同じです。今必要としている食べ物をとるように、**今自分が必要とする表現をゲットする**ようにしてください。

## 2. フロー作成の具体例

　ある日本人から、「こういう内容を英語にしたい、どうすればいいだろうか」という相談を受けました。
「フロー」とは何かを説明する上で、役に立つ具体例となりますので、ここで紹介させていただきます。

　彼女からのメールは日本語でこう書いてありました。
「私の会社では数週間後、アメリカの会社に対してスパイシーハーブワインのプレゼンをします。ワインとしては売れないと思うけれど、とにかくやらなくちゃいけない企画です。プレゼン内容の翻訳を手伝ってくれますか？」

　そして、この英語難民（英語で相当苦労されているようなので、あえて英語難民と呼ばせていただきます）の彼女は、次のような翻訳文を送ってきました。

> A few weeks later, the meeting will be held about the spicy herb wine which would be over-rich for most Japanese, and for that matter, it also seems to be too junk for me. Yes, I DO NOT want to commercialize it but we have to sell anyway. I must explain the future plan. I'll write down the contents of the day in English over 5 or 6 lines so would it be possible for you to give me your advice?

　この翻訳文がフローか否かというと、英語難民の彼女が自分で考え、「おそらく英語ではこういうのだろう」と作文した内容なので、フローではありません。

　では、実際にそんなにひどいものなのか、伝わらないのか、という観点から見ていくと、おそらく伝わらないでしょう。彼女が言いたい内容の50パーセントが伝われば上等ではないかと思います。

　このイケてない翻訳文を、必ず伝わるフローに変えていきましょう。

### ❗ ステップ❶ まず日本語で伝えたいことを整理する

　まず、彼女が伝えたい内容を、もう一度日本語で整理します。英語難民はこの手続きを省いていきなり英語で書き出そうとしますが、フローづくりに慣れるまでは、日本語できちんと整理することをお勧めします。

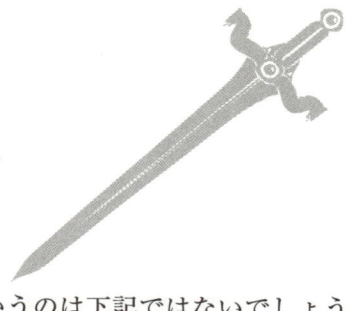

この文章で伝えたい内容というのは下記ではないでしょうか？

- 奇抜な商品の販売促進に関わっている
- 自分はビジネスとして上手くいかないと思う
- けれどもやらなければいけない
- 交渉言語は英語（＊ここは実際の文章では表現されていませんが、前後関係から読み取れます）
- ゆえに翻訳に助けが必要

### ❗ ステップ❷ 英語の骨格を意識してアレンジ

　フローをつくる上では、**「骨格」をとても重要視**します。「英語の骨格？」と言ってもピンと来ないかもしれませんが、この次の項で詳しく説明します。ここでは話の流れを示す骨組みのこと、程度に考えておいてください。

　この骨格のキモになる中心事項は「**対比**」です。あるものとそれに対応するものを際立たせて、性質を比較する。これが英語を話す上での基本的な姿勢になります。

　ここでは何と何を対比させているのでしょうか。対比に注意して日本語の表現を見てみると、下記の対比関係が浮き彫りになってきます。

- 普通の売れ筋の商品 VS 今回の商品
- 成功率の高い商品 VS 失敗する確率が高い商品

- 通常の販売意識の商品 VS とにかく売らなければいけない、大きなプレッシャーがかかった商品
- 普通の日本語での会議 VS 特別な英語での会議

### ❗ ステップ❸ 対比内容を英語に置き換える

次に、この対比内容をさらに英語に置き換えておきましょう。そうすると自分のつくる表現が、ぐっと英語らしい、英語としてこなれた内容になります。

後述しますが、英語にするときには、ネイティブの力を借りて、おかしくない、意味が伝わる英語表現にすることです。ここを間違えて、自分の英語のままにしておくと、文章が伝わらなくなります。

上記の日本語での対比を英語にすると、下記のようになります。

- **Standard, well appreciated product**
  **VS Challenging, or exotic one**
- **Products expected to be successful**
  **VS Products highly likely to fail**
- **With standard sales forces**
  **VS Under high pressure to sell**
- **Meeting in Japanese**
  **VS Meeting in English**

> **ステップ❹ 伝わる英語に変えてフローをつくる**

　こうして言いたい内容をすべて日本語で整理し、対比をつくり、それを英語に置き換えます。

　次は、この対比に注意して、一組一組の対比事項を英語の文章としてつなげてみましょう。

　まず「通常と違い、売れる見込みが少ないが、やらねばならない商品」、これを英語にしていきましょう。

> **Different from other projects, I personally feel that the product won't be well appreciated in the Japanese market, given the preferred tastes of customers in the past.**

　そして、「会議の言語が日本語ではなく英語になります。ですからあなたの助けが必要」、これを英語にしていきましょう。

> **As the meeting will be in English, I would like to ask your help to prepare meeting materials in English/ prepare the presentation in English.**

　こうしてつくり上げたものがフローです。このフローを相手に対して投げかければ、あなたの伝えたい内容は、100

パーセント、間違いなく伝わります。

　このフローをつくるときのポイントに「ワードチョイス」があります。「ワードチョイス」とは、**この状況で、この内容を述べるには、この単語を使わなければいけない**、という言葉づかいのルールです。

　英語難民は、このワードチョイスができていません。ここではこのワードを使わなければいけないというところで、まったく別のトンチンカンなワードを使います。だから難民の英語は伝わらないのです。

　このワードチョイスは、本章の第7項で詳細に説明しますが、ここでは今回のフローの例で、特に問題となるワードチョイスを指摘しておきます。


　商品がヒットするというのは、その味が好かれるということですから、「**appreciate**」という単語を使います。ちなみにワインなどが嗜好されるのも、「**appreciate**」を使って表現します。

　現在から先の時間を言うときは、「**in**」を使うのが一般的です。一時間後は「**in an hour**」と言います。したがって、数週間後は「**a few weeks later**」ではなくて、「**in a couple of weeks**」と言います。

　「商品を販売する」と言うときの一般的な英語は「**promote**」を使います。「**commercialize**」とは、商品ではないものを商品にする場合の表現です。本件の場合は奇抜な発想だ

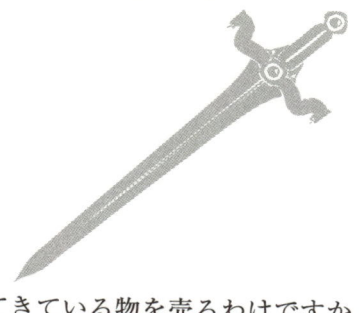

けれども商品としてつくられてきている物を売るわけですから、「**promote**」を使いましょう。

フローとは、ネイティブの助けを借りて、自分が伝えたい内容がきちんと伝わる英語表現になっているものをいいます。このフローならば、コミュニケーションの手段として十分使える英語表現になっています。これを覚えて相手に言えば、相手との意思疎通の第一歩になります。

## 2.なぜネイティブチェックが必要か？

<mark>フローはネイティブに見てもらうことが必要</mark>だと述べました。特に、ワードチョイス、言葉の自然な言い回し、時制の対応には、ネイティブのチェックが必要になります。

これらの表現が、実際の英語の話し言葉ではどう使われるかという観点から、ネイティブにチェックしてもらうのです。なぜなら、これらは私たち日本人には、どうにもフローの仕様がない箇所だからです。

我々日本人は、受験英語で英語を身につけています。実際の英語を話すという実戦を重ねて英語を身につけたわけではありません。

<mark>ワードチョイスや言い回しは、教科書の英語では「太刀打ち」できない箇所</mark>なのです。辞書で調べるにしても限界があ

ります。いくら例文がたくさん載っていても、自分が今話したいシチュエーションでこの言葉を使っていいかという答えはなかなか得ることができません。

インターネット、その他のテキストでも、言葉の使い方をフォローするレベルには限界があるのです。ここが理解できなくて、翻訳機の英語をそのまま使ったり、使える表現を継ぎはぎにして使うので、日本人が話す英語は伝わらないのです。

こうした奇妙な英語を話しているので、英語難民は難民のまま、どうして伝わらないのだろう、どうして相手の言うことがわからないのだろう、と悩める状態から脱出できないのです。

## 4.グーグル検索結果≠正しい英語

ネイティブに教わるよりも、「インターネットで調べればいいのでは？」という質問も多くいただきます。グーグルで調べれば、ヒット数が多いものはみなが使っている英語だということだから安心して使えるはず、ネットで調べればわざわざお金と時間をかけてネイティブに教わる必要はないでしょう、とおっしゃる人が少なからずいます。

たしかに「ネイティブを探して、一つひとつ聞いていく？ そんなのできないよ！」というご意見もわかります。しかし、私は、このグーグル先生の危険性をあえて指摘したいのです。

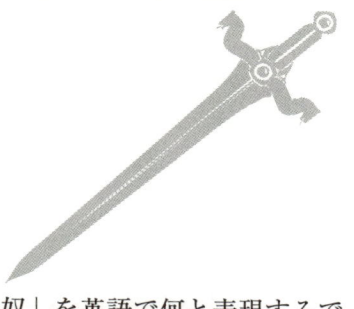

ある例を示しましょう。「嫌な奴」を英語で何と表現するでしょうか？

　これはみなさんに辞書やインターネットなどを使って実際に調べていただきたいのですが、「あいつは嫌な奴だよな」と誰かを批判するとき、一般的には「**nasty**」という英語を使います。これが「嫌な奴」と言う場合の正しいワードチョイスです。

　辞書やインターネットでこれが素直に出てくるでしょうか？　賭けてもいいですが、インターネットを駆使してこの単語にダイレクトに行き着くことは、ほとんど不可能です。

　英語でメールを書いているとしましょう。相手に対して、「私がこんなことを言ったからといって、私のことを嫌な奴だと思わないでください」と書く場面を想定してください。

　インターネットを立ち上げ、グーグルで「嫌な奴、英語」と検索すると、ものすごい引用数でヒットするのは「**asshole**」という表現です。

　あなたがこれを使って「**Please do not think that I am asshole!**」と書いてしまったとすると、これを受け取った相手はびっくりします。なぜなら、あなたはメールで「私を『ケツの穴野郎』と思わないでください」と言っているからです。

　事前にネイティブにチェックしてもらえれば、この危うく犯すところだった間違いを指摘してもらえるでしょう。そし

て「Please do not think that I am nasty.」とあたりさわりのない、まともな表現に変えてもらえるのです。

いったん発してしまった表現は戻ってきません。あなたの品位と人柄に影響を与えることですので、翻訳機やグーグルの検索結果には十分注意してください。そして、ネイティブから正しいワードチョイスを習うということを心がけてください。

どうすればネイティブのチェックが得られるかについては第3章で詳しくふれます。

## 5.フローを筋肉化する方法

前項までで、フローの内容について理解していただけたと思います。ここではフローをゲットしてから、その後のステップについて話していきましょう。

フローを得た後に、誰もが犯してしまいがちな過ちがあります。それは**フローをそのまま放置して、フローに触れず、忘れ去ってしまう**ことです。

フローとは、今自分が表現したい内容です。すなわち、今英語で話せないと困るという必要性がある内容なのです。

必要性が高い事項なので、みなさんが身につけようという意気込みが違います。その英語を使用する緊急性とあなたのモチベーションを利用して、英語をうまく覚えていこうとす

るのが、フローを使ったスピーチメソッドの重要なポイントでもあります。

　ですから、フローが手に入ったからといって、安心して、忘れ去らないで、早めに自分の能力として定着させるようにしてください。このフローの内容をいつでも取り出せる表現として、あなたの血となり肉となるように、筋肉化を図ってください。

「どうやって筋肉として定着させるか？」ですが、これはまず**五感を通じて体に記憶させること**です。フローの内容をとことん覚え込むことです。覚え込むには、お経のように唱えるのではなく、「読む」「聞く」「話す」「書く」を繰り返し行ってください。

　ポイントは頭だけで考えずに、スポーツだと思って、五感を使ってやってみることです。フローを聞いて、書き出してみます。そして、読んでチェックします。

　また、**発声も十分に行ってください。**「覚えられたかな」と思ったら、人前で実際に話して、自分が覚えられているかどうかチェックしてみましょう。

「えぇっ、英語の文章を暗記する、覚え込むなんて無理！」と思う人には、覚えるヒントを伝えます。

　まず、フローを使っていることのメリットを考えてみてください。フローはあなたが、今一番心の底から表現したい

内容なのです。言いたいことが、自分の目の前にあるのです。ネットや翻訳機に頼る必要はないのです。この便利な状況を利用しましょう。

　さらに、フローは正しい、しかもきちんと伝わる表現なのです。だから自信をもって覚えてください。「この表現でいいのだろうか」とビクビクする必要はないのです。胸を張って、堂々と語ることができる英語表現なのですから、あとは覚えて大声で話してみましょう。

　どのくらい練習するかですが、目標としては、**何も見ないでフローの英語が瞬時に発せられる**、そのくらいを目指してください。

　ぱっと瞬時にフローの英語が口をついて出てきたとき、それがフローがあなたの筋肉になった瞬間です。

　そうなったときには、フローはあなた自身の言葉になっています。そうすれば、相手からフローに関する質問が来たときに、瞬時に答えることができます。

　どうやら国際社会の第一線で働くビジネスパーソンは、自分の生い立ちや仕事のエピソード、日本についてなど、いくつかの話すべきネタを持っており、それをフローにして覚え込んでいる人が多いようです。

　ビジネスの場でも、パーティーなどのネットワークの場でも、こうした内容を話す機会は少なからずあります。そんな

## 英語難民

つくった英語のフローをお経を読むように
繰り返しているだけなので定着しない

## 英語貴族

つくった英語のフローを
「話す」「聞く」「書く」「読む」で体に定着させている

ときに、覚え込んでいる自分についてのフローをドンドン語り出すのです。そうすれば、相手から質問があり、相手の境遇や考え方を知ることもでき、ビジネス関係が発展していきます。

　フローは、実際のインターナショナルな場面でも非常に使えるツールだということを念頭に置いて、フローの筋肉化に励んでください。

## 6. 音声は英語筋肉をつくるために欠かせないサプリ

　フローを筋肉にするためのヒントを一つだけお教えしましょう。

　フロー作成にはネイティブチェックが必要だと言いましたが、そのネイティブチェックを受けるときに注意することがあります。フローの筋肉化に欠かせない重要な要素ですから、ネイティブとレッスンをするときにはよく覚えておいてください。

　それは**音声教材をつくる**ということです。ネイティブとの会話はすべて録音してください。録音して、フローが正しい発音で読まれたものを音声データにしておき、絶えず繰り返し聞いてください。今は携帯やインターネットも随分便利になっていますから、こうした機器を使えば音声データはすぐにつくることができます。音声データのいいところは、常にどんなシチュエーションでも聞き流せることです。往復の通

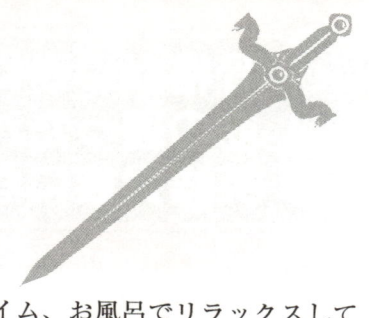

勤電車やバスの中、ランチタイム、お風呂でリラックスしているときなど、歩きながらでも歯磨きしながらでも、いつでも聞いて、繰り返せるのです。

　私がネイティブチェックを受けたときは、ボイスレコーダーでの録音を必ず行い、行き帰りの通学でずっと聞いていました。数回聞き返せば、ネイティブの言っている内容はだいたい覚えることができたので、フローの覚え込みに大いに役に立ちました。

　音声データは、筋肉化を行うために不可欠なサプリメントのようなものです。このサプリを得て、フローの筋肉化を効率よく行いましょう。

| | |
|---|---|
| 英語貴族 | ワードチョイスはネイティブから学ぶ |
| 英語難民 | ワードチョイスは辞書やネットで調べる |

## Number 5  骨格がいかに大切か？筋の通ったバランスの良い英語貴族になる！

### 1.「貴族の英語」のキモは骨組み、骨格

　本章では、ここまで脂肪燃焼、英語アスリート体質改善、筋肉化と英語習得方法のポイントを体のトレーニングにたとえてお話ししてきました。ここではその仕上げとも言える骨格についてお話ししましょう。

「ネイティブに確実に伝わる英語を話すには？」という質問を英語難民の人からされたら、私は迷わず「骨格です！」と答えます。**貴族の英語のキモは骨組み、骨格**と言っても過言ではないかもしれません。

　日本人は英語についてはノンネイティブですから、我々の課題は、「まず自分の言いたいことを着実に伝えること」になります。確実に伝えるためには、骨組みについて工夫することは必要不可欠になります。
　この項ではこうした英語の骨組み、骨格について説明していきましょう。

## 2. 英語の骨格とは？

　英語の骨格、骨組みとは、自分が話す内容を最も効果的に伝えるための内容の組み立てと考えてください。

　骨格とは、英語の構成内容を考え、組み換え、そして単語を選んでいくことです。話し手である我々がこの骨格に気を使うと、自分が表現する内容がよりわかりやすくなり、誤解がなくなります。

　フローの箇所でも述べましたが、骨格に気を配るとは、バランスをとることです。まず、バランスのとれた骨格では、最初に結論を述べます。あるいは最初に問題提起をします。そして、その結論や提起された問題に対する2つの立場を明らかにして、対比させていきます。

　こうした対比を通して、どうして結論が導けるのか、という理由を述べるのです。そして、最後に再び結論を繰り返して、自分の発言を締め括ります。

　ここで注意していただきたいのは、「**話す内容よりも骨組みに着目する**」ということです。内容にこだわるのではなく、まず、どういう骨組みをつくれば外国人にわかりやすくなるのか、ここを理解してください。

たとえば、「犬と猫、どちらが好きですか？」という質問があったとします。これには次のような流れに沿って、骨格を考えます。

**問題提起**：犬が好きな人と猫が好きな人がいる、私は犬が好きである
**理由**　　：犬は家を守る（番犬になる）が猫は家を守れない
**結論**　　：だから私は犬が好きである

　実際に、犬と猫のどちらがいいかは、議論が大いに分かれるところですが、犬と猫を飼うことの実際のメリット・デメリットを考えるよりも、骨組みにこだわってください。
　吠える、世話が大変など、いろいろ問題がありますが、こうした問題点を考え出すと骨格がブレてしまいますので、まずは骨組みをつくり上げることに集中してください。

　英語難民の多くは、「**Which one do you like more, dogs or cats?**」（犬と猫、どちらが好きですか？）と聞かれると、骨組みを整えて答えるということをしないので、内容が伝わりにくいのです。
　たとえば、「**I like dogs more than cats.**」（私は猫より犬がいい）という立場から始めますが、「**Some people like dogs and others like cats but personally, I like dogs more than cats.**」（犬が好きな人、猫が好きな人がいますが、私は個人

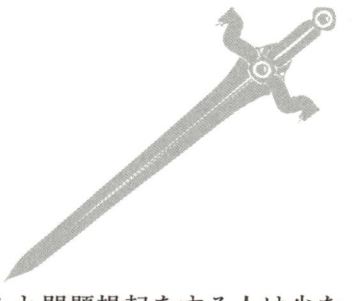

的には犬が好きです）ときちんと問題提起をする人は少ないのです。そして、その理由についても「**They can guard our house.**」（番犬になる）と提示した後に「**They seem to be noisy when barking.**」（吠えてうるさいけれども）など反論になるような立場を提示して、そのフォローをしないので、自分の結論がブレてしまいます。そして、とにかく犬が好き、何となく犬の方が優れているというトーンで締めくくります。

英語難民がつくってしまいがちな英文は次のようなものでしょう。

> **I like dogs more than cats. Dogs can guard our house. They seem to be noisy when barking. But anyway, I like dogs.**

このようにあいまいな文章が典型的な英語難民の英文です。これは日本語の特徴とも関連しているので、どうしようもないのですが、このような日本語の発想で英語を話そうとするところに、最初の大きな間違いがあります。

つまり、英語を話したければ、英語発想でいかなければいけません。

英語発想とは、すなわち**骨格をきちんと整えて英文をつくる**という姿勢です。英語難民は、この英語の骨格に気づかず、日本語発想の内容を英語にします。

> **Some people like dogs and others like cats but personally, I like dogs more than cats. Most importantly, the dogs can guard our house but cats can't do so. Therefore, I like dogs more than cats.**

　これはキチンと骨格が整っている英文ですので、ネイティブが聞いたときに、すんなりと腑に落ちるのです。

## 3.均整のとれた体、骨格がどうして大切か？

　みなさんにもお馴染みだと思いますが、レオナルド・ダ・ビンチの人体図を思い浮かべてください。これを頭に描き、このイメージに沿って英語を組み立てていくと、きちんと伝わる英語の骨格をすんなりと辿ることができます。

　まず最初に背骨をなぞります。背骨とは、議論全体のバックボーンになる結論の部分です。先の例だと「外食はいい」という結論です。

　次にこの結論を意識しながら、右半身、左半身を対比させていきましょう。外食と家で食べる、この２つの立場を対比させ、理由を分析してみるのです。同じポイントを比べているか、結論をサポートしているか、これに注意して理由を述べていきましょう。

　おそらくほとんどの英語難民の人にとっては、この骨格と

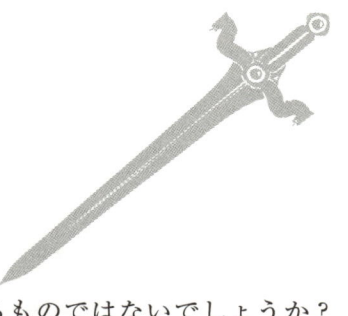

いう考え方自体が初めて触れるものではないでしょうか？
ですので、どうして骨格にここまでこだわらなければいけないか、それを指摘しておきましょう。

　日本語は英語との共通点が極めて少ない言語ですから、日本人が英語を話す上ではそれはハンデになります。日本人がそのハンデを埋めるには、どうすればいいでしょうか？
　そう、日本人が最低限やるべきことは、**言いたいことはクリアに伝えるようにする**、ということです。
　自分の主張をクリアに伝えるのに、なくてはならないのが、この骨格、骨組みという発想です。なぜかというと、欧米式思考法のベースはこの対比にあるからです。
　**まず結論、そして対比、最後に結論**、という話の発展パターンは欧米の学校で教える基本的な論理の組立スタイルなのです。
　ですから、このパターンに沿って話すことは、欧米人の思考に沿った英語を彼らの耳に伝えることになります。同じ内容を話していても、骨格の整え方が彼ら欧米人の馴染みのスタイルと違うと、意味がとりにくくなり、言いたいことが伝わらない、ということになります。日本語を話す日本人が、英語のコミュニケーションでハンデを埋めるには、この**欧米式骨格を覚える**ことがとても大切になってきます。

## 4.骨格組立の具体例

前述のフロー作成で使った例で、骨組みを整理しておきましょう。

|  | 本件（ハーブワイン） | 他の仕事（商品） |
|---|---|---|
| 仕事の重要度 | 超重要、とにかくやる | 通常のシリアスさ |
| 交渉言語 | 英語 | 日本語 |
| 仕事としてできそうかどうかという実現可能性（feasibility） | 非常に低い | 普通<br>（少なくとも本件よりは高い） |

　ハーブワインの内容としては、仕事の重要性、交渉言語、そして事業成立可能性などの観点から、本件（ハーブワイン）と他の一般の商品を比べることになります。

　そうしてこの対比をつくったら、対比の内容を英語にし、文章としてつなげていきましたね。こうした骨格に沿ってつくり上げた英文だからこそ、英語界で伝わる、貴族の英語表現として理解してもらえるのです。

　さて、ここまでで、脂肪燃焼、筋肉化、骨格をつくるなど英会話トレーニングの内容を理解いただけたことと思います。

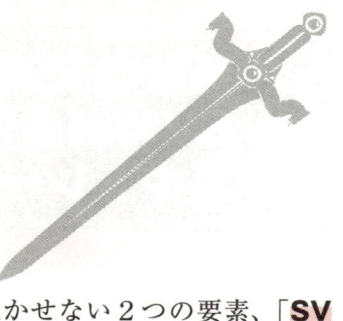

次項以降では、貴族英語に欠かせない2つの要素、「**SV時制条件反射**」と「**ワードチョイス**」をさらに見ていきます。そして、第3章でこれらを使って、私が編み出したスピーチメソッドをどのように行うのか、それを具体的に見ていきましょう。

| | |
|---|---|
| 英語貴族 | 初めに日本語を英語の論理構造に変換する |
| 英語難民 | 日本語をそのまま英文化する |

## Number 6 無駄な文法知識はいらない、SV時制条件反射集中トレーニング

### 1. 文法のキモはSVの対応と時制の一致

　日本人の英語難民の人に、「英語の文法の何が難しいですか？」と尋ねると、みなさんが決まってこう答えます。「前置詞がわかりません。ユキーナさん、何が **on** で、どれが **of** で、**in** と **at** がどう違うとか？　それがわかりません！」

　このような方に、私はいつも大声で、こう申し上げています。「本当に重要な文法は、そんなところではありません！文法のキモは他のところにあります！」

　その他のところとは、ズバリ、**SVの対応と時制の一致**です。前置詞を少し間違えたくらいで、意味が伝わらないということはありません。しかし、この主語と動詞の対応関係、そして時制の使い方が間違っていると、本当に意味が伝わらないのです。

　SVの一致とは、主語と動詞のきちんとした対応関係です。英語には、「**この主語には、この動詞が対応している。この主語を持ってきたら、動詞はこの形にしなければいけない**」というルールがあります。ですので、この対応関係がバラバラだと、ルールに沿って主語と動詞を判別することができないのです。

## 2. ラテン文法に見る、SV対応関係の重要性

　英語の元になっているラテン系言語の構造を見てみると、SV、主語と動詞の対応関係が、いかに大切かがよくわかります。ラテン系言語の一つ、イタリア語の基本動詞の活用を見てみましょう。

　andare（アンダーレ：行く）という動詞は、主語の人称と単数・複数によって、次のように活用します。「私は行く」は「(io) vado」（イオ・ヴァード）、主語が複数の「私たちが行く」は「(noi) andiamo」（ノイ・アンディアーモ）、「あなたが行く」は「(tu) vai」（トゥ・ヴァイ）、これも主語が複数になる「あなたたちが行く」だと「(voi) andate」（ヴォイ・アンダーテ）と動詞がまったく違う形になります。

　三人称になり、「彼が行く」は「(lui) va」（ルイ・ヴァ）ですが、三人称複数の主語「彼らが行く」ときには、「(loro) vanno」（ロロ・ヴァンノ）と動詞の形が変化していきます。このように、同じ「行く」という動詞でも、一人称、二人称、三人称でまったく形が変わります。そして、単数と複数でも、想像もつかないような活用変化をしていきます。

　動詞の活用がこれほど違うので、イタリア語では主語を言いません。主語をいちいち話さなくても、動詞を言えば、誰

が何をするかがはっきりとわかるからです。この主語と動詞の適切な対応関係が、ラテン系言語の一つの文法の核になっているということが、ご理解いただけたでしょうか？

|  | 一人称<br>私、私たち | 二人称<br>あなた、あなたたち | 三人称<br>彼、彼女、彼ら |
|---|---|---|---|
| 単数 | vado | vai | va |
| 複数 | andiamo | andate | vanno |

## 3.英語のSV時制

さて、英語を見てみましょう。最も基本的な動詞、be動詞の活用形を下に示します。

|  | 一人称<br>私、私たち | 二人称<br>あなた、あなたたち | 三人称<br>彼、彼女、彼ら |
|---|---|---|---|
| 単数 | I am | You are | He is / She is |
| 複数 | We are | You are | They are |

be動詞は、一人称複数、二人称の単数・複数、そして三人称の複数の場合はすべて「**are**」になります。そして一人称の単数は「**am**」、三人称の単数は「**is**」になります。学校では、これらの「**am**」と「**is**」を特殊な例外として習った

かもしれません。

　しかし、ラテンの基本文法からすると、それぞれの活用がもともと別な形だったのです。それが覚え切れなかったからか、あるいは使っているうちに便利な形に進化したのか、理由はわかりませんが、より簡単な活用形になっていきました。

　見てわかるように、「are」の部分は一人称複数、二人称の単数・複数、そして三人称の複数で使われるのです。「are」だけで主語を発しないと、誰が何であるのか、その主語がわからないことになります。英語では**必ず主語をつけて、主語を発音し、「誰が」何であるのかを明らかにはっきり示す**、というルールになっているのです。

　この主語と動詞が特殊なルールで必ず決まった対応をしなければいけないというのが、英語をはじめとする、インド・ヨーロッパ語族文法の最大の特徴です。

　この主語と動詞を時制の概念に合わせて、きちんと対応させていきます。
　たとえば、「最近、実践的な英語を学んでいます」という日本語をきちんと伝わる貴族の英語にするには、どのように考えていけばいいでしょうか？

　「最近」とつくので、過去の一点から今まで、そして今もな

お継続している動作のことを言っています。このような動作には「完了時制」を使います。過去から今までですから、現在完了、すなわち「**have** プラス過去分詞」です。この場合の動詞は **learn**（学ぶ）、これを完了時制に合わせるには過去分詞の **learned** にしますね。そして主語を考えます。あえて「私は」と言っていませんが、私のことを言っているのは明らかなので、主語は「**I**」になります。「**I**」という主語には、**have** 動詞は活用させず、原形の have をそのまま使います。ですから「**I have learned practical English.**」と言えば、この日本文が表現したい内容と、自分の口から発せられた英語の内容が、間違いなくぴったり合っていることになります。

このように、「**I**（主語）＋ **have** ＋ **learned**」（時制と主語に一致した動詞の形）の組み合わせを瞬時につくり出すことを、私は「**SV 時制の条件反射**」と呼んでいます。

## 4.SV時制条件反射はネイティブの思考パターン

では、なぜこの SV 時制条件反射がそれほど重要なのでしょうか？

それは、この思考パターンが、**ネイティブが話すときの思考パターン**であるからです。私が日本語以外の言語を話すとき、自分の言葉を口から発する前に瞬時に頭の中で考えてい

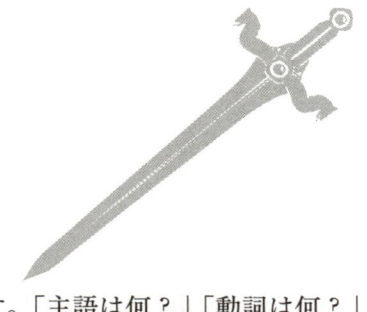

るのは、「SV時制の一致」です。「主語は何？」「動詞は何？」「時制は何を使う？」、これらを一瞬のうちに判断し、その正しい組み合わせをつくり上げて、文章にしています。

ですので、自分の言いたいことが100パーセント伝わる英語、貴族の英語を話そうと思ったら、この「SV時制」をぴったり一致させることが不可欠なのです。
　逆にこの一致ができれば、あなたの英語はあらゆる人にすんなりと理解されます。また相手の言っていることも聞きやすくなります。

　私はTOEFLの勉強で、この「SV時制」をいやというほどトレーニングし、瞬時に正しく一致した組み合わせが言えるようになりました。
　そうなってくると、相手の言っている内容がわかるようになりました。自分の言いたいことを、短い文章を組み合わせて相手に伝えることができるようになったのです。

　私は「SV時制」が一致した組み合わせを条件反射として、瞬時につくれるレベルまで鍛えていました。そのことがあったので、この次の章でお話しする英語でのスピーチが、人よりも早く上達していったのだと思います。
　「SV時制の条件反射」のトレーニングは、日本人であれば、1カ月程度で身につけることができると思います。しかも、

ここでは、英語の先生の助けを必要としません。自分で毎日の通勤電車の中でトレーニングしていくことができるのです。

この「SV時制一致」トレーニングをいち早く始めてください。そして、巻末の練習問題もぜひ活用してください。早く始めれば始めるほど、自分が英語貴族になる日が近づいてきます。

## 5.SV時制の問題サンプルとトレーニング

では、具体的にどうやればこのSV時制を正しく身につけることができるのか、そのトレーニングをご紹介します。

まず、新聞や雑誌、インターネットの英語記事などから、動詞に着目して、その動詞の部分を白抜きにしてみます。その後で、自分で正しい動詞が選べるか、チェックしていきましょう。下記①から③は一つの段落を3つに分解したものです。前項のポイントに注意して、下記の選択肢から、SV時制の対応が正しいものを（a）から（d）の中から選んでいきましょう。

> ❶The day before yesterday, we [(a) have, (b) were, (c) had, (d) was having] a heavy snow storm.

まずSVを見ます。[ ]の後はa heavy snow stormという名詞、そして主語は**we**ですから、**be**動詞の（b）は消え

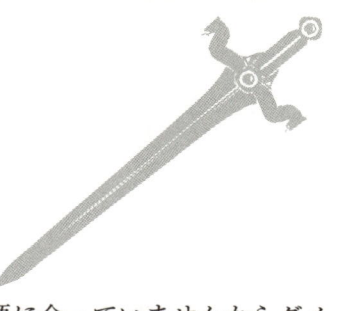

ます。(d) も **we** という複数主語に合っていませんからダメです。文頭に一昨日と出てきて雪が降ったのは過去のことだとわかりますので、正解は (c) の had になります。

> ❷ The snow [(a) accumulated, (b) have accumulated, (c) were accumulates, (d) had accumulated] up to 39 centimeters in Tokyo by yesterday morning.

まず、**snow** という単数の主語ですから、(b) と (c) は消えます。そして時制を確認します。話者のいる今現在よりもさらに前のことを言っており、昨日の朝にはすでに、39センチも積っていたというのですから、過去のある時点で完了した動作、すなわち過去完了形になります。ですから、**had** + 過去分詞となり、正解は (d) の **had accumulated** になります。

次は、カッコ内の動詞を正しい変化形にして文章を完成させてみましょう。

> ❸ The snow that (cover) buildings the day before yesterday caused electricity problems in the local area this morning.

最初の **cover** は主語が単数 **snow** ですから、**covers**、**is covering**、**has covered**、**covered**、**was covering**、**had**

**covered** などが考えられますが、一昨日と過去のことを言っているので、現在形は除外していいでしょう。**covered**、**was covering**、**had covered** に絞ります。この雪が今朝電気の障害をもたらしたと言っています。

　ビルを覆ったのは電気障害を起こす前ですので、過去よりも前の時制、過去完了の **had covered** を選びます。これら「SV時制条件反射」は巻末の練習問題も参考にしてください。そして、この「SV時制条件反射」の詳細は、私が講師を務めている「不動産英語塾」の講座でもより多くの例をあげて説明しますので、そちらもどうぞご参照ください。

| | |
|---|---|
| 英語貴族 | 英文法のキモは「時制に合ったSVの対応」だと思っている |
| 英語難民 | 英文法のキモは前置詞だと思っている |

## 英語難民

ハードルを越える前に、前置詞など文法の
細かなことが気になってしまう

## 英語貴族

前置詞は気にしないで、主語・動詞・時制を
瞬時に口に出すことができる

## Number 7 日本人の最大弱点、ワードチョイスを克服する

### 1. エッセイ添削で実感、英語難民最大の弱点

　第1章でもお話ししましたが、英語難民時代の私がつくった英語の文章を添削するとき、ネイティブ講師ジェフ先生は「**Your biggest problem is word choice.**」(あなたの最大の欠点はワードチョイスです) と言いました。そして私のエッセイの中で具体的にどの個所がいけないのかを述べていったのです。

　本書で度々取り上げているこのワードチョイスですが、その意味するところは、「このシチュエーションでこの内容を伝えたいのに、この単語を使っている。本当は別の単語を使わなければいけないのに」という単語の選び方の問題点です。

　ジェフ先生いわく、私のエッセイでのワードチョイスは不適切なものが多く、表現が「**awkward**」(ぎこちない) というのです。

　たとえば、と言いながら、ジェフ先生は、私が自分のこれまでのキャリアについて説明している個所を指さしました。「ユキーナさん、ここでは、**responsible for** を使っているけれど、このJ社の資産評価プロジェクトにあなたが実際に携わったという意味だよね。あるプロジェクトに実際の担当者として関わり、仕事を仕上げたというなら、英語では **be involved in** という言い方をしなければいけない。**responsible** for はある事柄や分野、収益や費用に責任がある、ということを意味するよ。だから、これだとあなたが社長で全責任を負ったという意味になってしまう。でも、実際はそんなことはないのだから、何を伝えたいのかはっきりしない。これを見た学校側は『あなたは何が言いたいのだろう』と疑問に思うだろう。involve を使えば、実際に自分が関わった仕事という意味になる。あなたの言いたい内容はこのように言い換えた方がいい」

　これを聞いた瞬間、私は俄然、反対したい気持ちになりました。私の知識では、「involve」は「含む」という意味です。「プロジェクトに含まれる」ということなら、自分は単なるお手伝い程度の役割で、自分が中心になってしっかりプロジェクトを指揮していったという意味にはならないのでは？と疑問に思ったので、私はジェフ先生に「違う、違う。この計画を手伝ったのではなく、私が中心になって最初から最後まで仕上げたの。そういう意味を伝えたいのよ」と口をとがらせて訴えました。

　その私の顔をマジマジと見据えて、ジェフ先生は「だから、そういう意味だけれど……。この involve はそういうときに使う表現なんだけれど」とキョトンとした顔で言いました。「どうしよう、困ったな。ジェフ先生には私の伝えたい内容がわかっていないのではないか」というフラストレーションを抱えたまま、私は不承不承、自分のエッセイを「be involved in」で書き直しました。

　今になって当時を振り返ってみると、このジェフ先生の指摘は順当な、正しいアドバイスでした。英語で自分がある仕事に深く関わると言うときは、この「be involved in」を使うのです。留学やその後の外資勤務経験で、仕事に対する自分の関与の度合いを述べるときには、決まってこの表現を使います。

　この「be involved in」という表現が、自分の仕事に対する深い関与を示すということは、学校教育では一度も教えてくれませんでした。また、留学のための勉強をしているときも、この言葉の使い方はテキストに出てきませんでした。ネイティブのジェフ先生に聞くまで、自分がやっている仕事を表現する正しい英語表現を私は知らなかったのです。

## 2.イケてる、ワードチョイスとは？

　実は、英語の世界にはこのようにワードチョイスに気をつけなければいけない単語がたくさんあります。

　日本人は感覚的にこの単語を使ってしまうけれども、実はこの言葉の本当の意味はこうで、こういう状況のときに使われている。今あなたが表現したい内容を英語で言うには、別の単語を使わなければ意味が通じない。英語にはこのような例が山ほどあります。

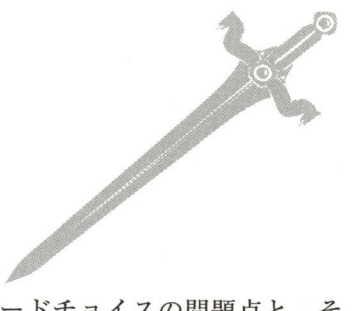

もう少し具体例を用いて、ワードチョイスの問題点と、その矯正の仕方を見ていきましょう。

　ワードチョイスが間違っていると、コミュニケーション上どのような問題がおこるのか、どうすれば正しいワードチョイスに行きつけるのか。これを順次説明していきます。

　たとえば、次の日本語の文章を見てみましょう。
「毎日英語を継続するのは難しい。日々仕事に追われて、結局は三日坊主になってしまう。英語を毎日続けるにはどうすればいいか、誰か教えてほしい」

　これを機械を使って翻訳すると、このような英語になります。

---

**It is difficult to continue English every day. I am busy with work every day, and will be a sticker-at-nothing after all. I want you to tell what I should do with English for continuing every day.**

---

　文章のつくり方にも問題点があるのですが、ここではワードチョイスに着目していきましょう。

「学習継続」と言う場合、**continue English** は不完全です。日本語では「英語を続ける」と表現していますが、実際に続

けるのは、「英語の『学習』」です。ですから、「英語の学習を続ける」という言い方に直します。「〜し続ける」の一般的な言い方は「**keep ... ing**」ですので、「**to keep learning English**」が伝わるワードチョイスになります。

次の「日々仕事に追われて、結局は三日坊主になってしまう」も日本語の言い回しとしてはとても自然ですが、英語にするときには注意が必要です。特に「三日坊主」という表現を辞書で調べると **sticker-at-nothing** と出てきますが、普段の会話ではあまり使わない表現です。これを使ってネイティブに話しかけても、「**Excuse me?**」と聞き返されてしまいます。ここでは文章で述べようとしている内容に着目しましょう。

ここで述べようとしている内容とは要するに、「仕事が忙しいので、時間を仕事にとられてしまうため、英語に割く時間がない。だから英語学習を続けられない」ということです。「あることに時間をとられる」は時間を費やすという意味で「**spend time**」を使い、「○○に割く時間がない」というニュアンスは、「○○の時間がほとんどない」と置き換えて、「**hardly have time**」を使いましょう。

「日々仕事に追われて……」の箇所をワードチョイスを使って言い換えると、次のようになります。

> **I usually spend most of the time for working, and hardly have time to study.**

　次に、「英語を毎日続けるにはどうすればいいか、誰か教えてほしい」という文を見ていきます。こちらも最初の文と同じように、そのまま英語に直訳してはいけません。翻訳機で出てきた直訳は、「**I want you to tell what I should do with English for continuing every day.**」です。

　最初の「**I want you to tell**」は、話している相手方に対して、「私に語ってください」と呼びかける表現です。ここでは特定の相手がいるわけではなく、誰かに対して「自分に教えてほしい」と言っているのです。何を教えるのでしょうか？「どうすればいいか」ということです。「どうすればいいか」、この言葉が指す具体的な内容は何でしょうか？

　忙しくても英語学習を続けること、です。話者の気持ちは、忙しくて時間がうまく見つけられない、どうすれば時間を見つけて英語ができるのか、どうすれば短い時間でも何とかやりくりして英語学習が続けられるか、そのコツを教えてほしい、ということです。

　このコツを知りたがっているわけですから、次のように日本語を変えていくことが必要です。
「英語学習を続けるために、どうにかして時間をやりくりする方法を知りたい」
　こう変えていけば、話者が知りたがっている内容、欲して

いる事柄が明らかになります。したがって、「**what I should do with English**」ではなく、どうやって時間を「管理するか」に相当する英語表現をここに持ってきます。

「時間を管理する」を表現するのに適切なワードチョイスは、「**manage**」です。**time management** と言えば、時間を管理する、なんとか時間をやりくりするという意味です。
　ここでは、この表現を使って、「**I would like to know how to manage my schedule to keep learning English.**」とします。
　ではここで、正しいワードチョイスを使って言い換えた全文を見てみましょう。

> **To keep learning English is difficult. I usually spend most of my time working, and hardly have time to study. I would like to know how to manage my schedule to keep learning English.**

　この文章であれば、ワードチョイスの間違いがありません。
　この表現を使えば、自分の言いたい内容が100パーセント相手に伝わります。ワードチョイスを修正していくとは、自分が何が言いたいのかを明らかにし、わかりやすくして、それを伝わる英語表現に置き換えていくことなのです。

## 3. 正しいワードチョイスはネイティブと！

　このように英語難民の英語と貴族の英語ではワードチョイスが決定的に違います。英語を実戦で身につけていれば、人の言葉の使い方と自分の言葉の使い方が違うので、「あぁ、この場合はこの単語を使うのか」「そうかこの単語はこういう風に使うのか」とワードチョイスを実地に覚えていくことができます。
　けれども、日本で生まれ育った人には、このように英語を実戦で身につけることは無理です。

　では、この適切なワードチョイスを身につけるにはどうすればいいのでしょうか？
　外国語を学ぶ上での心構えとして、「**文法は母国語で、作文と発音はネイティブに！**」という鉄則があります。
　この表現が示すように、「この内容は○○語ではどう表現したらいいのだろう」という作文は、その言語の使い方を熟知している人、つまりネイティブに習わなければいけません。これが外国語を学ぶ鉄則として、広く理解されている教訓です。

　先日、ある不動産の専門家の外国人に、「我々ネイティブではない者が、英語を学ぶときのコツはなんでしょうか？」と

聞きました。間髪を入れずに帰ってきた答えは、「必ずネイティブに習え！」でした。「特に日本人はノンネイティブから習う人が多く、実際に使える英語を覚えないことが問題だ！」と付け加えて強調していました。

　私もこれにはまったく同感です。私が英語貴族になれたのも、**時間と労力、お金を惜しまず、ネイティブからきっちり習う**という姿勢を貫いたからです。

　ワードチョイスは必ずネイティブに見てもらうことが必要です。

　こう書くと、「実際ネイティブから言われていることも、何を話していいのかもわからないから無理だよ」とおっしゃる方がいます。「もっと基本が身についてからでないと、ネイティブから直接習うなんてダメダメ！」と首を大きく横に振って、ネイティブからのチェックを激しく拒否するのです。

　気持ちはわかりますが、いつまでもテキストやノンネイティブとのトレーニングを続けていては、やはり英語貴族にはなれず、英語難民から抜け出せないでしょう。

　相手の言うことが理解できない原因の一つは、SV時制がとらえられないことにあります。SV時制のトレーニングをして、対応が素早くできるようになったら、ネイティブとのレッスンを始めて、正しいワードチョイスを覚えていくようにしてください。

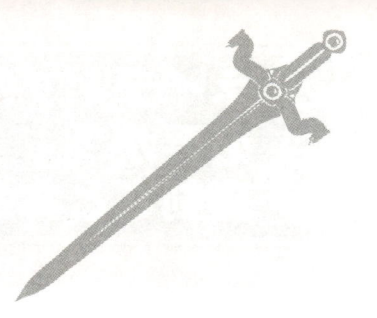

| 英語貴族 | 英作文はネイティブから学ぶのが鉄則だと思っている |
| 英語難民 | ネイティブから学ぶのは基本ができてからと思っている |

## Number 8 ネイティブに教わることは必要か？ 真剣さとお金の関係

### 1. 明日の会議は英語！　あなたならどうする？

　あるシチュエーションを想定してみましょう。明日は重要なクライアントがあなたのオフィスを訪ねて来ます。この会社は外資系で、本社から外国人の役員を連れて取引先であるあなたの会社を訪ね、1時間程度のミーティングをすることになっています。あなたは当然その会議に出席しなければいけません。そして、日本の市場の状況や日本経済、政策のことなどを話すことになっています。これらについて、もし相手の外国人から質問が来たら答えなければいけません。
　もしそういう立場に置かれたら、あなたは一体どうするでしょうか？

　明日のこのミーティングのためだけに、ネイティブの英語の先生を雇って、明日の会議、つまり外国人との会話に備えようと思って実践する方がどれほどいるでしょうか？
　おそらく英語難民の99パーセントの人は「無理だよ、そんなことはできないよ」と言うのではないでしょうか？
　けれども、一歩進んで考えてください。どうして、それができないのでしょうか？　明日の会議のためにネイティブの先生を雇って準備する。それがどうして実現できないことなのでしょうか？
　私はこれまで英語難民の人に何回かこのような質問をした

ことがありますが、彼らは決まって「そんな現実離れした対策はできない！」と口をそろえて言いました。

しかし、これこそが、私が英語難民の人たちに対して抱く、最も大きな疑問なのです。

これまで折にふれて説明しましたが、ネイティブから学ぶワードチョイスは、**お金をかけてでもゲットする価値**ある情報なのです。たとえ出費をともなっても、ネイティブのチェックでワードチョイスを直してもらうことを強くお勧めします。

ワードチョイスはネイティブでないと直せないということはすでに述べましたが、ネイティブとのチェックを勧めるには、他にも理由があります。

## 2.ネイティイブチェックが必要な２つの理由

理由の１つ目は、チャンスは二度とめぐってこない、ということです。もし、このクライアントの外国人があなたと英語でコミュニケーションができないと判断すれば、どうしてわざわざお金をかけてあなたの会社とビジネスを続けようとするでしょうか？

ろくに意思疎通もできないのに、ビジネスを続けるメリットがどこにあるのでしょうか。あなたのワードがイケていなかったら、相手の外国人はその日本支店の担当者に、あなた

の会社とは取引をしなくていいと伝えるでしょう。たった一回のネイティブチェックができなかったために、あなたの会社はその後のビジネスチャンスをすべて失ってしまうのです。
　難民英語のワードチョイスを直して伝わる貴族英語を話す、ということはそれほど重要なことなのです。

　2つ目の理由は、あなたのやる気が全然違ってくるからです。誰しも、お金をかけたら、その投下資本に見合った回収を考えるでしょう。それが「**英語をものにしよう**」というインセンティブになります。
　あなたは自ら、何としてもきちんと話をして、会話を成功させようと必死に努力するでしょう。もし仮に会議であなたの発言の機会が与えられなかったとしても、せっかくお金まで出して準備したのだから、きちんと相手に自分の話を伝えようと積極的に発言するようになります。
　ネイティブチェックを受けることで、このようなインセンティブ（自発的に参加する動機）が出てくるのです。

　英語難民脱出には、ワードチョイス修正は必須です。それにもかかわらず、英語難民の人は「毎回ネイティブに聞くなんて無理！　できません」と考えるのです。
　ここで本当に有効な出費とは何かについて、もう一度考えてみてください。「使える英語表現○○」「聞き流すだけで英語が話せるようになる○○」「ネイティブが教える日本人の

英語改良法」といった本を100冊買うよりも、少しでもお金を出して、自分の言いたい内容の正しい英語表現を得る方が、はるかに効果があります。

　ネイティブとのレッスンを通じて、適切なワードチョイスを使ったフローをつくり込むことです。そして、このような会議の実戦の場を最大限に活かして、フローを暗記し、筋肉化する。その方がはるかに楽に、短時間で英語貴族に近づいていきます。

## 3.レッスン頻度を落としてでもネイティブに習う

　ある学生さんが、「国際関係の仕事に就きたい」と私に相談しました。彼は、SNSやブログなど、短い表現でも極力英語を使おうとしています。その姿勢は素晴らしいです。

　しかし、それだけではいつまでたっても英語難民のままです。自分が頭を絞って考えた英語表現が、本当に伝わるのか、イケてるのかイケていないのか、それはネイティブとのチェックで修正しなければいけません。

　恐らく彼は、「そのためにいちいちマンツーマンの英会話講師を雇うことなどできない」と言うでしょう。

　けれども、SNSにアップする内容を、たとえば10日間ためて、10日間分の内容をチェックし、そのきちんとしたフローを、その後毎日、一日に一つずつ覚えて、10日間でウェブに発表していけばいいのです。この方が英語の習得としてはは

るかに効果があります。
　学生のお小遣いでも、月に一度か二度のマンツーマンレッスンで十分にやっていけます。自分が本当に表現したい内容をきちんとした英語にする。正しいワードチョイスを得て、英語のフローを獲得するためだけに英語の先生を雇うことができるかどうか。その意識が問題なのです。

　英語ができるできないは、個人の資質とはまったく関係がありません。本当に伝わるワードチョイス、フローを得ること、それを身につけることの重要性がわかるかどうかです。
　そして、そこに**お金をかけることができるかどうか**です。英語ができるようになるかどうか、その境目はお金を使わなければいけない場所できちんと投資ができるかどうか、その姿勢だけなのです。

　私の知る限り、本書を除いて、貴族の英語を話すための具体的なテキストは皆無です。そして、本書のメソッドはネイティブチェックなしには完結しません。
　けれども、頻繁にネイティブとマンツーマンレッスンをしたのではお金が続かない、そんなことはできないとのご意見もあるでしょう。
　それならば、ネイティブチェックの頻度を調整すればいいのです。さらに、これまでの英語の勉強の延長にあることに注ぐお金をいくらか節約して、自分の出費の優先順位を考え

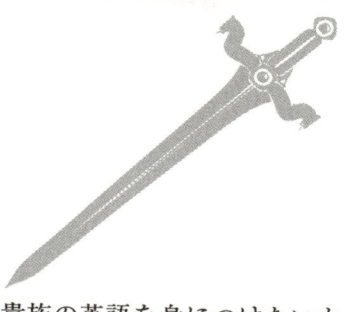

ればいいのです。要はどれだけ貴族の英語を身につけたいかの情熱、それ次第なのです。

## 4. 半年で10万円は安いか高いか？

　後述しますが、私がスピーチメソッドを編み出したとき、ネイティブとは週に一回、必ずマンツーマンのレッスンをしました。半年間でこのネイティブに支払ったのは10万円弱です。これは高い出費でしょうか？

　私は決してそうは思いません。このネイティブチェックがあったからこそ、私は貴族のレベルまで自分の英語力を磨き上げることができたのです。

　そして、実戦できちんとコミュニケーションがとれる英語を話すことができたので、その後の外資でのキャリアが開けてきたのです。外資でのお給料は、留学前に日本で得ていた年収の3倍近いものでした。このネイティブに払った10万円は、わずか1カ月働くだけで楽に回収できたのです。

　もちろん、このネイティブレッスンの効用は単に1年間のお給料の上昇だけではありません。第1章からこれまで述べてきたように、私の今のキャリアと英語は切っても切り離せないものです。そして、留学で得た貴重な体験は、その後の私の人生を大きく変えました。

　それもこれもすべて、私が英語難民から脱出して、英語貴族のレベルに到達できたからです。このドラマティックな変

化をもたらしたのは、ネイティブ講師と編み出したスピーチメソッドでした。

　スピーチメソッドの内容は第3章で述べますが、ネイティブと行ったマンツーマンレッスンがこうした劇的な英語力アップをもたらしたのは紛れもない事実です。それまでの英語難民のレベルから脱出し、本当に英語を話す貴族にしてくれたという意味で、このネイティブに払った10万円は非常に安い出費だったと私は思っています。

| | |
|---|---|
| 英語貴族 | **ネイティブのチェックはおカネをかける価値があると思っている** |
| 英語難民 | **ネイティブのチェックにおカネをかけるのは非現実的だと思っている** |

## 第2章のまとめ

- 🍁 「知識たくわえ型・英語肥満体質」から、「知識有効活用型・英語アスリート体質」になるには、自分が今一番伝えたい内容に着目し、フローをつくること。その適切な英語表現をネイティブから学ぶこと

- 🍁 フロー作成のポイントは、骨格（問題提起、対比、結論）をしっかりさせること

- 🍁 この骨格を、ワードチョイスとSV時制に注意しながら英語にし、100パーセント伝わるフローをつくる

- 🍁 フローを実際に覚えて自分の筋肉にし、アウトプットしやすくする。音声データは筋肉をつくるためのサプリ

- 🍁 主語に合わせて動詞を変化させる、時制にこだわる、これが日本語にはない英語の根幹。まず条件反射で時制に合わせたSV対応が頭に浮かぶようにする

- 🍁 ワードチョイスを改めないと日本人の英語は伝わらない　矯正はネイティブにチェックしてもらうのが鉄則

## COLUMN 2

### 生活のすべては英語になる

　第1章で、英語に趣味と楽しみを取り入れて毎日継続することの大切さについてお話しました。ここでもうひとつ、毎日英語を継続するためのヒントをご紹介しましょう。

　映画『ベスト・キッド』(原題 The Karate Kid) をご覧になったことがありますか？ ここではリメイク版を取り上げます。

　主人公の少年（ジェイデン・スミス）は親の都合で中国に移り住みます。学校のいじめっ子たちに意地悪をされ、さんざんに打ちのめされてしまいます。

　強くなろうと、カンフーを習い始めますが、先生（ジャッキー・チェン）は、一向に彼にカンフーを教えてくれません。壁に出っ張ってかかっている木の棒に、ジャケットを脱いでかけろ、それを床に置き、また取って身につけろ、そしてまた脱いで棒にかけろと同じ動作を繰り返すように言います。

　少年は、最初は黙ってその動作を続けていますが、毎日毎日同じことの繰り返しなので心底嫌気がさし、この先生からカンフーを教わるのはダメだ、とあきらめて帰りかけます。そのとき、先生は、カンフーの拳で鋭く彼に打ち込みながら、少年にカンフーの「受け身」を体験させるのです。

　Put it on! (ジャケットを着て！)
　Take it off! (ジャケットを脱いで！)
　Pick it up! (ジャケットを拾い上げて)
　Hung up and attitude! (両手を上にあげて - 態度！)

　先生は、自分が繰り出す拳や蹴りを少年にうまくかわさせます。そして、これまで続けてきた、服をかける、着る、床に落とし拾いあげて掛ける、という連続した動作が、実は受け身の基本になっていることを、身をもって体験させるのです。

　自分と相手の距離（間合い）を「アティチュード」（態度）と呼ばれる腕を前に出す所作で、実際に少年に理解させながら、先生は、熱くこう語ります。

「Kung fu is everything in our life!」(カンフーは生活のすべてだ！)

　この一言にハッと気づかされた少年は、テレビを見ながら逆立ちしてバランスをとる練習をしてみたり、洗濯物を干しながら見えないところから飛んでくるパンチを予測して受けたりと、生活のあらゆる行動が実はカンフートレーニングにつながっているということを実践していくのです。

## 第3章

## 必ず英語貴族になれる！
## スピーチトレーニング

# Number 1 イメージがあなたを救う！実戦に強くなるイメージトレーニング

## 1. 難民が苦手とするイメージトレーニング

　第2章で英語貴族になるためのキーとなるポイントを、ほとんどお伝えしました。第3章では、スピーチメソッドについて触れていきます。
「えぇっ、この先、まだ新しいことをやるの？」と不安に思われる方もいるかもしれませんので、念のためお伝えしておきますが、スピーチメソッドはこれまでの「SV時制条件反射」と「ワードチョイス」をベースにしたものです。
　したがって、これらとはまったくかけ離れた違うことをインプットしていくわけではありませんので、どうぞご安心ください。

　このスピーチメソッドに具体的に触れていく前に、スピーチを行う上でとても役に立つことがあります。それは**イメージトレーニング**です。みなさんは、「英語をきちんと話せるようになりたい」と願う英語難民ですが、どんな英語貴族を目指すのか、その目指していく目的をクリアにしておきましょう。
　では、ここでまたみなさんに質問です。
「英語貴族になった自分」という言葉から、どんな状況をイメージしますか？　シチュエーションや状況など、ビジュアルに「**具体的**」にイメージしてください。

ここで本書を読み進めるのを一旦ストップして、具体的な英語貴族のイメージをノートに書いてみてください。あなたが英語貴族になったら、どこで、何を、どんなふうにしているでしょうか？

　かつて、英語難民の人を対象にこの質問をしてみました。
　ある人は、「英語で外国の方と会話できる。英語圏で仕事ができる」という答えをしました。これは、一般的な英語難民が考えてしまいがちな内容で、その意味では非常にいい例です。
　けれども、この回答では、残念ながら私の求めている答えの半分も満たしていないと言わざるを得ません。
　もっともっと**具体性**を持たせてください。外国はどこでしょうか？　どこで、どんな会話をしているのでしょうか？　そして、あなたはどんな人たちとどんな仕事に携わっているのでしょうか？　なるべく具体的に思い描いてください。

　別の人が書いた回答に、次のようなものがありました。
「海外のホテルやレストランで、他の英語圏の外国人と同様におもてなしされている自分」
　ここまで書いていれば合格点です。ですが、もっと具体的にイメージしましょう！　場所はどこでしょうか？　どのホテル、何のレストランでしょうか？　誰と一緒にいて、どんなおもてなしを受けているのでしょうか？　他の英語圏の外

国人とはどんな人たちでしょうか？　より具体性を高めてください。

　英語貴族になった自分を思う通りにイメージできない、そういう人は、過去に英語で自分が失敗した体験を思い描いてみましょう。思うように話せない、聞けない、そんな中で自分がイヤになってしまった体験をまず頭に思い描き、その失敗体験を成功体験に変えていきましょう。
　私の場合は、スクールビジットやマクロ経済のプレゼンが失敗体験ですから、こうした人前での英語スピーチがとてもうまく行って、その後の質疑応答も話が大いにはずんでいる、そんな状況をイメージしました。
　マクロ経済のプレゼンで壇上に立ち、教授に堂々と自分の意見を伝えている自分、何について話しているのか、聴衆はどんな顔をして私の意見を聞いているのか、こうしたことを具体的にイメージしたのです。

## 2.なぜイメージが必要なのか

　スポーツの世界には、「実力があるのに、本番で失敗する選手」というのが必ずいます。普段の実力は申し分なく、練習も本当に人一倍やっている。それなのに、ここ一番というときに実力を発揮できない。そして、最終的には練習よりも悪い結果で終わる。そういう選手が少なからずいます。

## 英語難民

いくら考えても英語を話すイメージが具体的に湧いてこない

## 英語貴族

自分が英語を話すイメージを明確に描けている

これらの選手は一体何が悪いのでしょうか？　どうして本番で実力を発揮できないのでしょうか？

　それはズバリ、**成功するイメージが欠けている**のです。競技場のトラックを皆の先頭を切って走るイメージ、もう負けそうだという瞬間に逆転のゴールを鮮やかに決める自分、こうした大成功のイメージが自分の中でできていないのです。だから自分の実際の成績もそのイメージのようにはならないのです。

　目指すお手本となるものが曖昧であれば、何を目標にしていいか定まらないでしょう。目標がないので、過去の失敗ばかりがイメージされ、結局、実際のパフォーマンスもそのイメージ通りの悪い結果にしかならないのです。

　このような選手には、イメージトレーニングが有効です。まずレース展開や試合のシミュレーションなど、十分な成功体験をイメージし、疑似でもいいので体験することです。

　このイメージを強く持てば、自分の自信も湧いてきて、実際のパフォーマンスもこのイメージに近いものになります。

　英語貴族になるためのイメージとは、このスポーツ選手のイメージトレーニングを応用したものです。「**自分がきちんと英語でコミュニケーションができる**」というイメージを強く持つことは、フローを筋肉化することに役立ってきます。イメージを持ちながら、フローの発声練習をし、実際に暗記し

て人前で話してみると、実際のスピーチがとてもスムーズになります。

　イメージトレーニングはスポーツだけではなく、英語学習にも大きな威力を発揮するということを、頭の片隅に置いておいてください。

| | |
|---|---|
| 英語貴族 | 自分が英語でコミュニケーションできているイメージを具体的に描けている |
| 英語難民 | 漠然と英語が話せるようになりたいと思っている |

# Number 2 まずは短いスピーチから！腹式呼吸で発声した英語は脳に定着する！

## 1. スピーチのチャンスで目標設定

さて、本章のここまでのプロセスで、あなたが本当に伝えたいと思っている内容、フローが準備できました。

このフローはSV時制がきっちり一致し、英語の基本的なルールに完璧に沿っているものです。ですから英語の仕組みで考える人、すなわち欧米人にはすんなり理解できるのです。そして、このフローはワードチョイスも完璧に直してあります。

このような状況では、こういう内容を伝えたいのに、全然違う意味の単語を使っている、というワードチョイスの誤りがありません。ここで、自分のこういう気持ちを伝えたいときには、それがバッチリ伝わる単語、フレーズを使ってつくり上げられています。

あとは、こうしてつくり込んだフローを自分の頭と体に覚えこませて、いつでも取り出して使える筋肉に変えるだけです。

この筋肉化に必要なステージとして、わたしは**スピーチの場を設ける**ことをお勧めします。

繰り返しになりますが、フローはつくっても覚えなければ意味がありません。覚えるにしても、ただ漫然とメモを見な

がら繰り返しても、自分がいつでも使える道具にはなりません。

**発表の場があって、初めて人は真剣に覚えようとします。**
自分の話を聞いてくれる観客や聴衆がいるから、人は真剣に覚えて練習し、人前で恥をかかないようにするのです。したがって、発表の場を設けるということはとても大切なことです。

「英語で発表する場？　そんな機会、なかなか見つからないよ！」と思われるかもしれませんが、発想の転換をすることで、実は意外とたくさん、いろいろな場面に発表の機会が隠れているのです。

　まず外資系で働く人は数週間後のプレゼンや会議が、発表の場になります。日系企業で働く人でも外国の会社とやり取りをしているなら、メールでのやりとりや電話を通じて自分の意見を言ってみたり、お客さんの接待などで自分の考えを伝えるなど、機会はたくさん探せると思います。
　このような仕事での接点がない人は、国際的な会議、フォーラム、セミナーに参加して、質問してみましょう。何百人といる参加者の前で手を挙げる必要はありません。終了後に後援者やパネリストなどの外国人に、自分の簡単な自己紹介と質問事項を話してみましょう。
　これらの国際会議への参加が難しい人は、趣味や楽しみを

通じてスピーチの機会を見つけましょう。地域の国際交流センターやボランティア団体では、いろいろな異文化交流企画をアレンジしているはずです。料理、スポーツ、踊りや音楽の文化交流など自分が興味を持って参加できるイベントで、なおかつ英語で自分が発言できるような集まりがあれば、積極的に参加してみましょう。

「自分を取り巻く環境には、英語を話す機会は何もない」と思っていても、こうした違った見方で眺めてみると、英語を使う機会をたくさん発見することができるのではないでしょうか？
　こうして自分が心の底から伝えたい内容、それをきちんと伝わる英語で発表できる場を見つけたら、自分のスピーチを覚えていきましょう。

　まずはたくさんのことを話そうとする必要はありません。自分の名前、仕事は何をしているのか、そして自分が考えること、を短い文章にして、5文から8文くらいで表現します。それを1分くらいで話すようにトレーニングしていくのです。

## 2.腹式呼吸で大きな声を！　フローの覚え方

　フローを覚えこんでいく際に、注意していただきたいのは、**声の大きさ**です。

一般に日本人が英語を話すとき、蚊の鳴くような小さい声で、自信なさそうにぼそぼそ話します。これでは相手の外国人には、よく聞き取れません。
　さらに日本人の話すことのSV時制がバラバラ、ワードチョイスが的外れですと、この日本人が何をいわんとしているのか、聞き手の外国人にはほとんど理解できません。ですから、この外国人は眉間にしわを寄せて「**Excuse me?**」「**Pardon me?**」などと聞き返すのです。

　こう聞き返されると、日本人の方は「あぁ、何かまずいことを言ったんじゃないか？　間違えたことを言ったのではないか？」とますます声が小さくなります。
　相手の外国人はあなたとのコミュニケーションをあきらめて、その場を去ってしまうかもしれません。あなたは、またしても英語ができなかった、と自己嫌悪に陥り、英語ができないスパイラルにどんどんはまっていってしまいます。

　このような悪循環を解消するのが、私の提唱するフローメソッドです。まず「この発言で大丈夫だろうか？」という心配の種を根本から取り除くのです。「すでにSV時制は完璧、そしてキチンとしたワードチョイスがある。だから100パーセント伝わるはず」、このような自信が、あなたの英語を話すモチベーションを大きく変えるのです。
　フローがあれば、相手の外国人から「**Excuse me?**」と言

われてうろたえることはありません。あとはこの100パーセント伝わるフローを堂々と語ればいいのです。

　この堂々と語るために欠かせないレッスンがあります。それは**大きな声で英語を発する**ことです。スピーチを短時間で効果的に覚えていくには、大きな声で発生することがとても大切です。
　どうして大きな声が必要なのか、その理由はいくつかあります。

　まず、大きな声で発することで、日常とは違う、非日常体験だということを体の感覚が認識します。たとえば、街中や駅で大きな声で何か訴えている人がいれば、自然にその方向に耳が向き、注意して内容を聞こうとします。あるいは、車の急ブレーキの音を聞いたり、誰かの叫び声などが聞こえたら、当然その音のする方に注意を傾け、何が起こっているか把握しようとします。

　つまり、私たちの体の感覚が緊張して、目や耳を通じて入ってくる情報を積極的にメモリー（記憶）しようとしているのです。
　今、私たちは英語のフローを覚えこもうとしているのですから、このような五感の緊張を大いに利用しましょう。大きな声で英語を発することによって、自分の五感を最大限に緊

張させて、自分が話している英語の内容を覚えていきましょう。

また、英語を大声で話すことで、自分の耳が自分の話す英語をよく聞いてとらえることができます。

よく「まず聞けるようになりたい」と言われます。そして、「聞けるようになるには、どのくらい英語を聞いていけばいいでしょうか？」と聞かれるのですが、私はいつも返答に困ります。なぜなら、この「聞けるようになりたいから、ガンガン聞く」というトレーニングは基本的な方向性が間違っているからです。

英語が本当に聞けるようになるには、**自分の声で英語を発し、その音を自分の耳が聞く**というプロセスが必要なのです。

## 4. 英語を聞きまくっても話せるようにはならない

小さい子供が言葉を話す過程を考えてみてください。親の言葉をよく聞き、それを真似します。自分が発した言葉を自分の耳で聞いて、親の言う言葉とは違うと認識するのです。そして、だんだんと親が発する言葉に近づけていくのです。

耳が聞こえなくても数々の名曲をつくったベートーベンのような人はごく一部の例外です。ほとんどの人は、自分が発した言葉と親や周囲の人が発する言葉の違いを無意識のうちに聞き分け、伝わる言葉を話せるようになっていくのです。

ところが、日本人の英語勉強というと、まず、滝に打たれる修行僧のように英語を聞きまくるところから入ります。そして自分の声で英語を発し、その英語を自分の耳が聞くという作業をまったく行いません。
　これではいつまで経っても英語は聞けるようにも、話せるようにもならないのです。

　さらに英語を大きな声で話すことによって、「ゆっくりと落ち着いて話す」というトレーニングができます。
　小さな声でぼそぼそと話していると、セリフを棒読みしているようになり、自分の頭が覚えこんでいくことができません。
　けれども大きな声で話すようにすると、自分が話すペースは自然とゆっくりしたものになります。ですから自分自身で、話の流れを、一つひとつ追っていくことができるのです。
　ゆっくりでもいいですから、100パーセント伝わる英語を話し、相手の言っていることをクリアにしていきましょう。「**Can you please repeat that?**」(すみません、もう一度繰り返してください)、「**What is the difference between A and B?**」(AとBの違いはなんですか？)
　こうした質問と答えを落ち着いて繰り返しながら、相手の言わんとすることが理解できれば、それでもう立派な英語貴族です。まずはそのレベルを目指しましょう。
　英語貴族として人前で話をするには、大きな声でスピーチ

練習をする、これが最も効果的です。自分の五感が英語をみるみる吸収して、自分の英語を聞くことで耳も鍛錬できます。そして、自分のペースに相手を引き込むという会話のテクニックもマスターできるのです。

　まずは、大きな声で英語を話す。これを心がけてください。

| | |
|---|---|
| 英語貴族 | 自分の声で英語を発して、その英語を自分の耳で聞いている |
| 英語難民 | 英語を聞き取れるようになるためにひたすら英語を聞きまくっている |

# Number 3　スピーチメソッドの全体像「英語がわかる」と実感できる瞬間

## 1. 二人羽織ティーチャー、モリーとの出会い

　英語難民だった私の英語をドラマティックに英語貴族のレベルへ変えた出来事があります。

　それは、「オーラル・コミュニケーション」という授業です。これはアメリカのMBAに交換留学していた際に、多くの先輩、友人から絶賛されていた授業だったので、私も選択希望を出し、最初のオリエンテーション授業に参加しました。
　実際に出てみてビックリ。なんとこの授業は、毎回決まったテーマについて、受講生の一人ひとりが、みんなの前に出て自分の意見を話すという、スピーチスキルアップのための特殊授業だったのです。

　当時の私にとって、過去の苦い経験から、人前で英語を話すことは一種のトラウマになっていました。この授業も初回から、自分のスピーチがうまくできずに大失敗だったので、履修をやめて逃げ出そうとしました。
　しかし、「今ここで逃げ出したら、ずっとスピーチはできない。永遠に人前で英語を話すことはできないのではないか？」という考えが頭をもたげて、腹を決めてこのスピーチクラスに食らいついていこうと決意しました。

この授業では、生徒各人が行わなければならない毎回のスピーチテーマが決まっています。それならば、事前に準備することができるのです。「前もって準備ができれば、まだ何とかなるはず！」、私はそう思いました。
　けれども先生は何も見ないでスピーチをしろと言うのです。ということは、スピーチ内容はすべて覚えていかなければいけないのです。覚えることができるだろうか？　一人で悶々と考えを巡らせて、私ははっとしました。

　そうか、かつての出願希望小論文（エッセイ）も、自分がつくったeメールもこなれた英語ではなかったとすると、自分のつくった原稿が英語表現としてOKなのかどうか、それを最初にチェックしてもらわなければいけないのではないかしら……？　このような疑問が湧いてきました。

　けれども、私がそのときいたのはアメリカです。日本にいたときに、私のエッセイを根気よくチェックしてくれたジェフ先生はそこにはいなかったのです。
　そのとき、私はオリエンテーション時に聞いた、英語を教えてくれる専門の先生がいるという情報を思い出しました。英語がネイティブでない学生たち、いわゆるインターナショナルの生徒たちを対象にどうやって論文を書いたらいいか、どうやって大学院で使うきちんとした英語を話すか、を教えてくれる先生がいるらしいのです。

私は迷わず、さっそくこの先生に連絡してみました。

　こうして知り合った先生が、後に私の大親友になるモリーでした。モリーは本当に良く教えてくれました。モリーは日本やアジアをはじめ、いろいろな国で英語を教えていたようで、教えることに慣れていました。
　私はこの「オーラルコミュニケーション」の授業のことを話し、自分が話すスピーチ内容が人前で話しても大丈夫な、きちんとした内容になるまで添削してほしいとお願いしました。モリーはとても面白そう、と気軽に引き受けてくれました。こうしてモリーには週に一回、2時間のマンツーマンレッスンを60ドルでお願いしたのです。

## 2.ワードチョイスはモリーから

　このモリーとのスピーチ準備講座は本当に役に立つ価値あるものでした。私がつくるスピーチの単語の使い方、文法上の間違い、これらを事前にメールで送り、モリーがほとんど直してくれました。その直してもらった文章を見て、どうしてこの言葉を使うのか、こちらの言葉はどうして使ってはいけないのかということを、その後のマンツーマンレッスンのときにしっかり教わりました。

　たとえば、人に〜させるという使役の表現には、「**have** +

人＋動詞」と「make ＋人＋動詞」という２つの言い方があります。私が make と書いたところをモリーは have と直してくれたので、私はその理由を尋ねました。

　モリーは「Generally we use "have", if you use make, it sounds like a mother ordering her child.」（一般的には have を使う。make を使うとお母さんが子供にしつけの一環として何かやらせているみたいな印象よね）とわかりやすく解説してくれました。「なるほど」と納得し、それ以来、仕事でも使役のときには have を用いるようになりました。

　実際、ビジネス文書で見かける使役も have を使っている例がほとんどです。make はときおり日本人がメールで使っているのを見かける程度です。私はこのモリーとのレッスンで、自分の母国語でない言語は、生きた実戦の場で毎日使っている人（ネイティブ）から聞くことがとても重要であるということを理解しました。

　このように私はモリーと「フロー」のつくり込みをしていきました。そして、前章でも記載しましたが、フローをこのままにしておいたのでは、グルメ食の早食いと一緒で消化されず体外に出てしまうので、体の栄養素に変わりません。

　そのままにしておいては、体にとって何の効果もないので、このフローを何十回も発声して練習し、自分の筋肉となるまで、つまり、いつでも取り出せる表現として体が覚えるまで、吸収していきました。

部屋で、ベランダで、お風呂で口に出して練習し、スピーチ内容を暗記していったのです。大きな声で話すように、地下の洗濯機の側で練習しました。ガランゴロンと鳴るうるさい音に負けないように、お腹の底から自分の声で発する「英語」を自分の耳で聞き取り、自分の五感に覚えさせるという訓練をしたのです。

## 3. 人生で初めて、スピーチ成功体験

　この訓練を授業の始まる直前まで繰り返して、いざゼミ室に入りました。スピーチの最中はもちろん話すことに集中していますが、**are not accustomed to**、**committed**、**project**など、その週にモリーとのマンツーマンで教わった言葉を発するたびに、モリーの説明コメントを思い出しました。私はモリーが教えてくれた言葉の使い方をふまえて、自分が覚えた、すなわち自分の筋肉となった英語を発していたのです。
　それはあたかも私の背後にモリーがいて、私の手足となって実際の食べ物を私の口に運んでくれる二人羽織の裏方のようでもありました。

　モリーをいつも私の後ろに感じながら、初めて何も見ないで英語のスピーチを終えました。「**Thank you for your attention.**」と最後の締めのセリフを言ったとき、教室からドッと拍手が起こりました。「**I understood everything you** said.」（あなたの言うことはすべて理解できた）、「I have never heard such idea as you suggested!」（今までこんな話は聞いたことがなかった！）、「What a wonderful topic you selected! How did you come up with this?」（このトピックの選び方はすばらしいわ、どうやって考え付いたの？）、クラスメートから矢次早に質問やコメントが寄せられました。

「あぁ、私は初めて英語で自分の意思を伝えられたのだ、皆にわかってもらえたのだ」「日本ではない、このアメリカで、他の国の人たちと、意思を通わせることができたのだ」
　自分のトラウマだったスピーチを克服したことよりも、英語でコミュニケーションをしたことの喜びの方が、私の心に大きな感動をもたらしていました。
　同時に私は気づきました。そうか、英語を話すということの近道は、これだったのかもしれない。**フローをつくって覚えて、スピーチして、自分の筋肉にする**。これが英語習得のキーだったのだ。私はそう実感しました。

## 4.「ああ、私、英語がわかる！」と実感した瞬間

　私がこのスピーチ講座を乗り切ることができたのは、モリーのおかげです。この講座を始めて3カ月くらいが過ぎた頃、就職のイベントのためにアメリカのインベストメントバンクからリクルーターが来て、生徒を相手にプレゼンテーシ

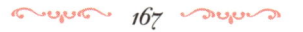

ョンがありました。

　早口のニューヨーカーなのですが、このリクルーターの話している内容が、「あぁ、前よりもずっと良くわかる。私、英語がちゃんと聞けるようになっている」と思いました。「私……、今本当に英語がわかる！」と嬉しさがひしひしと伝わってきたのもこのときです。

　モリーは私のスピーチを何回か添削してくれて、いつもたくさんのコメントと意見をつけて返してくれました。
　前述したとおり、私が毎月モリーに支払ったのは日本円で約２万円、半年間で10万円くらいでした。本当に安い出費だったと思っています。なぜならモリーとの英語トレーニングで、私の英語は格段に伸び、その後の面接でも自分をきちんとアピールすることができるようになったからです。面接の相手から「Your English is good!」と褒められるようにまでなったのです。

　スピーチクラスとその対策としてやったモリーとのプライベートレッスン、これが私の英語を劇的に変えました。
**自分が言いたいことをきちんと伝わるフローにして、それをスピーチできるまで覚え込む**こと。これが英語上達の最短だったのだと私は改めて認識しました。
　すべてはスピーチクラスという一大難関と、どうやってそれを克服するかの試行錯誤でしたが、その中でモリーという

最高の先生を得られたことが、私の人生での数ある幸運の一つであると思っています。

| | |
|---|---|
| 英語貴族 | 英語のフローを何十回も発声し、体に覚え込ませている |
| 英語難民 | 英語のフローをつくっただけで安心して、発声して覚えようとしない |

## Number 4 徐々にスピーチのボリュームアップ！ 最短3カ月で英語貴族になれる！

### 1. 最短3カ月で、英語貴族になれる！

　英会話教材の宣伝コピーでよく見かけるのは、「短期間で英語がぺらぺらになれる！」というものです。これは言い換えるなら、「最短で英語貴族にたどりつくには？」とも表現できるでしょう。

　この質問はとても多くの英語難民の人から聞かれます。「短期間で英語ができるようになるにはどうしたらいいですか？」という質問に対して、「私は難しいです」と最初にお答えします。「私ですら数年かかりました」と説明しています。

　けれども、実際短期間で英語貴族のレベルまで辿り着ける方法がないわけではないのです。短期間で英語貴族になるのは不可能ではありません。

　それは前項で述べた英語でスピーチをすることです。スピーチのための基礎を作り、スピーチ作成の流れに沿ってフローをつくり、それを覚えこみ、人前で話し、筋肉化するのです。

　この「スピーチのための基礎」とは、本書で繰り返し述べている文法、「**SV時制条件反射**」と「**ワードチョイス**」です。「SV時制条件反射」は誰の力を借りなくても一人で学習ができきます。私はこの「SV時制条件反射」にフォーカスした参考書もリリースしようと考えていますので、ぜひそうしたテ

キストを参考にしてください。受験英語を終えている日本人なら、1カ月程度で条件反射のように正しいSV対応が出てくるようになるハズです。もし文法に集中することができれば、2〜3週間でSV時制が条件反射になって出てくるでしょう。

その後、定期的に英語を発表する場をつくり、スピーチメソッドを行っていけば、おそらく最短で3カ月くらいで、あなたの英語が劇的に違ってくるはずです。

## 2.スピーチメソッドビギナーステージ

SV時制が条件反射のレベルでできるようになると、ネイティブが発する英語の中で、最も重要なことを押さえられるようになります。つまり、相手が言った内容のSVを瞬時に発見することができるのです。

それと同時に自分がつくる英文もSVを中心に考えるようになります。言い換えると、あなたが発する英語が、英語として体裁をなし、英語界で発したとき、最低限他人に理解してもらえる形式になるのです。

そうなってくれば、かなりレベルが上がっています。ネイティブとのマンツーマンレッスンを取り入れて、ワードチョイスを直し、自分のマイフローをつくっていきましょう。ネイティブにはゆっくりと簡単な言葉を使って話してもらうようにお願いしてください。

SV時制の文法練習は単調で退屈です。また仕事の繁忙期には集中してトレーニングすることができなくなります。毎日欠かさず英語に触れる、ということが難しくなってきます。
　そうするとせっかく覚えこんだ文法の反射神経が鈍ってくるので、いつまでたってもSV時制が条件反射として出てくるレベルに到達しないかもしれません。これを避けるために、日々の英語への接触は継続しましょう。文法と並行して、日々の生活の中へ英語を取り込むことをスタートしてください。楽しみとつなげれば、忙しいときも趣味プラス英語でストレス解消ができます。

　ネイティブとのレッスンは必ず録音して、それを聴いて繰り返し覚えてください。そうして絶えず聴いて、自分でも発声してみると、ネイティブとのコミュニケーションが次第に楽になります。

　ネイティブレッスンが数回できて、相手がゆっくり話している限り、自分が相手に聞き直すことはほとんどないな、という実感が持てたらスピーチの場を積極的に探しましょう。数日後あるいは数週間後のスピーチのターゲットを決めて、フローをつくり、それを繰り返し発声して筋肉にしていきましょう。

　スピーチの本番ではこれも自分の話す内容を録音（録画）

してネイティブと後からチェックし、反省会をやってください。ネイティブは必ずあなたの英語をほめてくれると思います。こうしてほめてもらったら、そのポジティブなフィードバックの余韻が消えないうちに、次のスピーチを設定しましょう。こうしてスピーチを繰り返していきましょう。

## 3.スピーチメソッドボリュームアップ！

スピーチのボリュームですが、最初は数行のものを覚えるようにしましょう。そして目標はＡ４のダブルスペースで１枚から２枚のスピーチ、英語で話すと10分程度になりますが、これを人前で話せるようにしましょう。

同時に頻度も変えていきましょう。月一だったスピーチの頻度を、月に２回、毎週と短くしてみてください。このボリュームと頻度のアップは必ずあなたの英語力に比例します。よりたくさんのスピーチを覚えれば覚えるほど、また頻繁に行えば行うほど、あなたは英語貴族にグンと近づいていきます。

ですから、「本当に短期間で！」と思う人は、ボリューム、頻度、この目標を高く持ってください。高すぎる目標は挫折しがちです。忙しいときはできない、無理なものは無理ですから、そんなときはペースを落としてください。たとえペースを落としたとしても、英語にまったく触れない日がないようにしてください。そのためにも、毎日の継続、趣味と英語

のドッキングがとても大切なのです。

　この全体の流れをフロー図で表すと次のようになります。

| 続かなかった英語を続ける | 趣味とのドッキングを図る | 英語でストレス解消、毎日継続、英語貴族への基本条件クリア |
|---|---|---|
| 貴族になる文法のキモ（最短期間で終了可） | 巻末問題集等でSV時制中心に理解 | SV時制が条件反射として出てくるまで |
| スピーチメソッド、フローの筋肉化 | フロー作成、ネイティブチェック、ワードチョイス、骨格トレーニング | 筋肉化、スピーチ1分、3分、5分、10分とレベルアップ |

| | |
|---|---|
| 英語貴族 | 英語でスピーチする機会を積極的につくっている |
| 英語難民 | テキスト中心の勉強を続けている |

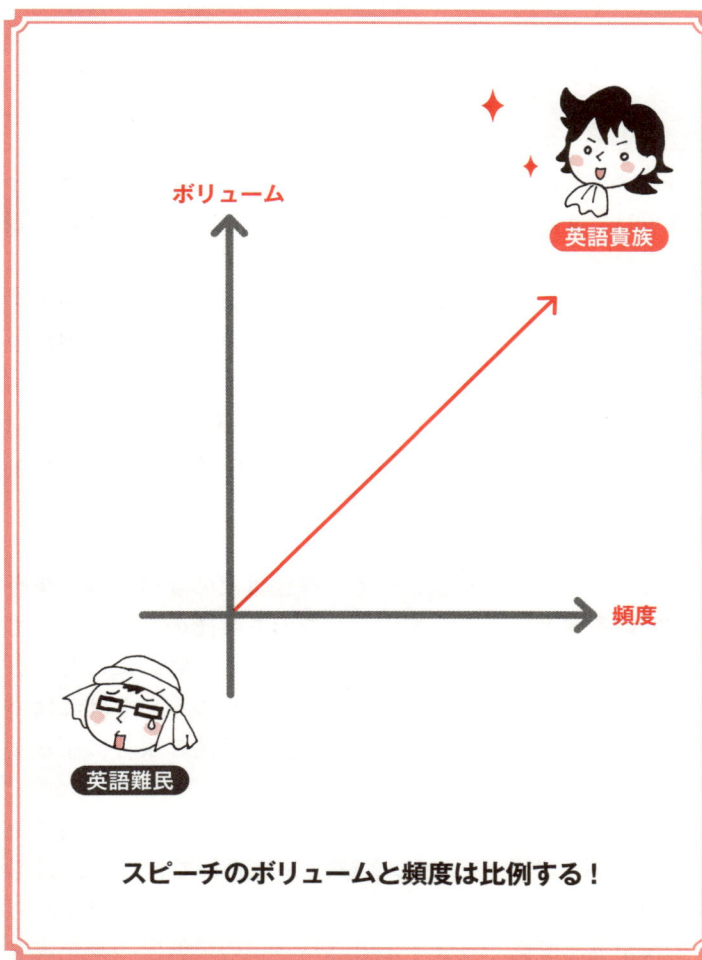

ボリューム

英語貴族

頻度

英語難民

**スピーチのボリュームと頻度は比例する！**

# Number 5 貴族英語の神髄 同じルール、同じ言葉、同じリズム

## 1. 同じルール、SV時制

　ここまで、英語貴族になるためのポイントについて、いろいろ述べました。どれも貴族の英語を話すためには不可欠という項目です。それをコミュニケーションのツールという観点から整理してみましょう。

　本書の第1章で述べましたが、自分の言いたいことがきちんと相手に伝わり、そして相手の言うことを誤解なく理解できること、それがコミュニケーションでした。

　そのコミュニケーションに必要な要素が、同じルール、同じ言葉、同じリズムです。一項目ずつ説明していきましょう。

　同じルールとは、**言語としての英語はどのようなルールを持っているか**ということです。すなわち英語の文法を指します。英語には必ず主語と動詞が必要、そして時制にこだわる、時制にしたがった主語と動詞の対応関係をつくらなければいけない、単数と複数にこだわる、これが英語の根幹になる文法の特徴です。

　細かいところを言えば、比較のつくり方、関係代名詞の使い方などありますが、どの文章にも共通して言える、最も基本的な英語の文法のルールはこのSV時制です。ですから、日本人が英語で話そうとするときは、この最低限のルールを

守らなければ伝わらないのです。

　日本人の英語難民はこの文法ルールの違いを意識しないので、日本語文法の頭で英語をつくり上げ、アウトプットします。説明を聞いて、「ああそうか、そういうルールなのか」とわかっても、このルールが自分の条件反射として出るまで覚えこんでいるわけではないので、話すときにうまく話せないのです。

　英語難民の英文は、すぐに動詞が抜けたり、主語と一致していない動詞を持ってきたりします。かくいう私も、長い文章をメールで打って、送信前に見直してみると、動詞が抜けていることがあります。日本語を話す頭ではSVを意識しないので、注意していないと、主語や動詞が簡単に抜け落ちてしまうのです。

　だから**英語のルールを常に意識**してください。必ずSVをつくり、このSとVを正しい時制に合わせて対応させる、これが英語のルールです。

　これは言葉を話す上での決まり事、約束ですから、英語を話す以上、全員が守らなければいけません。「英語界の英語」とは、まずこのルールにきちっと沿っている英語のことを言うのです。

## 2.同じ言葉、ワードチョイス

　次に「同じ言葉」というポイントを見てみましょう。これは文字通り、ワードチョイスのことです。この状況で、この感情を述べたい、こういう意味を伝えたい、というときに、正しい単語を使うということです。

　たとえば、「部下の社員教育がなっていない」と言うときの「社員教育」という単語に、英語難民は **education** を使ってしまいがちです。しかし、これも注意する必要がある単語です。
　**educate** とは、何も知らない無知な子供や知識がまるでない人に知識を与えて「教育」するという意味なのです。**education program** と言ったら、従業員のほとんどがまったく知識がなく、あたかも学校のようにあらゆる知識を与えていくシステムのように誤解されてしまいます。
　日本語でいう「社員教育」の正しいワードチョイスは **training** です。社会人としてのマナーがなっていない、だから教育をする、と言うときは「**ethical standard training**（倫理基準トレーニング）を企画する」と言えば、内容が正しく伝わります。

　このワードチョイスも、言いかえれば一つのルールです。

educate と言えば無知な人間への知恵づけのことですよ、という一定の決めごとのようなものです。この決めごとは辞書やテキストには載っていません。ですが、不文律としてはっきりと決められていることですので、守らなければ英語界のルールから外れることになります。

　英語が話される環境にずっといれば、周りで話されている英語からこのルールを汲み取っていくことができるでしょう。けれども日本にいて、英語のエクスポージャーが限られている中では、ネイティブに直接聞いて確かめていかない限り、このルールを知ることはできません。

## 3.同じリズム、骨格の整ったフロー

　リズムと英語はつながりを見つけにくいかもしれません。ここでいうリズムとは、理論を持った話の流れ、話の持つ骨組、骨格のことです。これも第2章で詳しく説明しました。

　まず結論、対比を探して、左半身、右半身に振り分けて対比させる、最後に結論をなぞる、という全体の流れです。英語で語れば、以下のような流れになります。

　「**Some people take A, others take B; however I take A for the following reasons.**」Aという立場、Bという立場を紹介し、自分の結論を述べる

　「**First of all, A is cheap but B is expensive; secondly, A is simple but B is very complicated.**」AとBの対比をつくり、

その対比ポイントを順番に述べる

「In conclusion, I think A is better than B.」最後にもう一度結論を述べる

　理論の流れを述べるときは、上記の表現のように良く使われる言葉があります。単語と表現のバリエーションはありますが、ほぼ同じような内容の言葉を使って、考えの流れを理論的に言葉で述べます。

　この流れを、小さいときから繰り返していると、何かものを考えるときに無意識にこの流れに沿って考えるようになります。これが欧米人の発想方法の基本であることはすでに述べました。つまり、欧米人の頭の根底には、「**立場提起→対比→結論**」という一定の流れ、リズムがあるのです。

　ですから、我々日本人が、このリズムを身につけて、これに沿って英語を考えれば、話し手と聞き手が同じリズムに乗って言葉を交わしていることになりますので、話の内容がすんなりよくわかるのです。

　また、逆にあなたがこのリズムに沿って英語を話せば、あなたの話の内容と相手の頭の中のリズムがばっちり合ってきますので、あなたの話す内容がすんなりと相手に伝わり、理解してもらえるのです。骨格、骨組について、しつこいほど強調した理由をわかっていただけたでしょうか？

英語を話す、しかもコミュニケーションのツールとしての英語を話すとは、究極には、この同じルール、同じ言葉、同じリズムのことです。

　英語界の基本的なルールとして相手が守っていることにこちらも敬意を表し、尊重して守るのです。話し手と聞き手の間で共通の「決まりごと」を共有できるのです。だからコミュニケーションがとれるのです。

　英語難民の人は、「過去の自分の努力は何だったの？　一切無駄だったの？」と悩まないでください。また必要以上に自分を責めたりもしないでください。今となっては、自分が英語難民であった理由がわかったのですから、そこから抜け出せばいいのです。でも、どうやって抜け出すのでしょうか？

　抜け出す手段は、これまでの章で時間をかけて説明してきましたね。貴族英語の究極、同じルール、言葉、リズムを理解して、脱英語難民を図ってください。

| | |
|---|---|
| 英語貴族 | 英語のルールを常に意識して、SV時制の正しい対応を心がけている |
| 英語難民 | 日本語文法の発想で英語をつくる |

# Number 6 師匠ネイティブとの良好な関係がサイクルスタートのカギ

## 1. 仰げば尊と師

　私が最初に「フローをつくる」という作業がとても大事だと理解したのは、偉大な師匠のおかげでした。

　この師匠とは、以前勤めていた企業の大先輩、カナダ在住の小津さん（仮名）です。私が入社したときには、すでに日本ではなくカナダに住んでいらっしゃったので、在職時期が重なったことも、一緒に仕事をしたこともありませんでした。けれども私が、「留学することを目標にしています。相談に乗ってください」とお願いしたら、快く引き受けてくださって、以来様々なアドバイスをいただきました。

　TOEFLのスコアがまったく伸びず、落ち込んでいる私に、「具体的に問題がある部分はどのパートでしょうか？　リスニングですか？　リーディングですか？」とメールを送ってくれました。「リスニングもさることながら、どうやらリーディングの点数も伸び悩んでいます」と私は素直に苦しい胸の内を話しました。

　すると、ご自身もリーディング力を伸ばそうと、数社の新聞から不動産、住宅、建設など仕事に関連する分野を毎日毎日探し出し、ファイリングしているとおっしゃいました。その記事の内容を毎日eメールで私に送ってくれたのです。

小津さんいわく、最初は一つの記事を読むのに時間がかかっていましたが、1年以上続けているとだいぶ読めるようになってきました、というのです。小津さんから毎日送られてくる内容をひたすら読み、その内容について自分の意見を英語で書き、それを小津さんに送りました。

　今から思い返しても、涙が出るほどありがたかったのは、小津さんが私の作文内容をワードにコピーして添削し、すぐに送り返してくれたことです。毎回毎回、自分の英語がこなれていないのを嫌というほど痛感しました。

　小津さんの添削内容をよくよくチェックしてみると、なるほど、実際の英語ではこう表現するのか、と気づいたことがたくさんありました。

　それほど、日本人が頭で考えてつくり出す英文と、実際に伝わる英文には、大きなギャップがあるのです。英語が本当にできるようになるとは、このギャップを徐々に縮めていくことなのだ、と私は思いました。その道のりの長さに思わずため息が出たことを覚えています。

　それが、今から10年前のことです。

　今の私は、英語で論文を書けるまでになりました。ただ実務に役に立つような研究であれば、仕事の合間に数日で書き上げることができます。そして、それを国際会議の場で何の苦労もなく、発表することができるようにもなりました。

小津さんにその論文を送ったところ、「今のユキーナさんは、私の英語のレベルをはるかに凌駕しておられます」という返信がありました。

　今の私には身に余るようなお褒めの言葉です。この言葉を見た瞬間、私の頭の中に「仰げば尊し」が流れました。パソコンの前で深くこうべを垂れ、「小津さんのおかげです」とつぶやきました。涙があとからあとから、止めどもなく流れてきて、顔を上げて返信メールを打つことができませんでした。
　英語に苦しんで、悩んで、できなくてできなくて、本当に自分がみじめだと思ったことがありました。そんなときにも、ずっと英語のニュースを送り続けてくれたのは、小津さんでした。

　TOEFLのスコアを前に、絶望して、長い長いため息をついてから10年あまりがたった今、私は世界最大の不動産専門家団体のアジア地区理事を務めています。世界に役立つ、地震リスク査定基準を制定するため、中心になって働いています。
　この団体の会議では、ほぼ毎回スピーカーとして意見を発表しています。理事の仲間たちと重要なコンテンツについて、きちんと英語で議論を交わしています。

　今の私があるのは、ジェフ先生、小津さんやモリーなど、

私の貴重な師匠たちのおかげです。くじけそうになった私を、何度も何度も勇気づけてくれたのは、この先生たちです。彼らの助けがなかったら、今の自分はなかったでしょう。英語について、自分をずっと導いてくれた師がいたことは、私にとって大きな幸運でした。

英語を身につけようと思ったら、それはライフワーク、生涯続けていく課題になります。生涯を通して長く自分を導いてくれる師とめぐり合うことが、英語を身につける必要不可欠な条件になる。それは本当に大切なことなのです。

## 2.ネイティブとの良好な関係の築き方

まず、貴重なネイティブの講師をどうやってゲットするか、ここからお話ししましょう。通常は英会話教室でマンツーマンの授業をやってくれるところから当たってみます。これにはその英会話教室の評判にも注意した方がいいでしょう。

いうまでもないことですが、ネイティブの先生は、知識と経験があって、何よりも「教えよう」という意欲がある人がいいでしょう。それほど良い評判も聞かず、ただ安いというだけの英会話教室は避けた方が無難でしょう。そういうところは経営も杜撰で、実際に働く講師への払いが悪く、会社自体の中間搾取が多いところもあるので、そこで働いているネイティブ講師に意欲がない場合があるからです。

ネイティブで日本に来ている人の中には、特に白人系に多いのですが、「一定期間アジアに滞在し、アジアで優遇される外国人の特権を楽しもう」という意図を持っている人がいます。そのような先生がビジネスレベルの英語をきちんと教えられるかというと甚だ疑問です。

　プライベートレッスンの料金は高くてもしっかりした英会話教室を選び、ある程度マンツーマンの授業をやってみて、お互いの相性を確かめるというのがいいのではないでしょうか？

　さらに口コミや外国人がたくさんアクセスするサイトへの掲示なども効果があります。日本人で英語ができる人に、「いいネイティブの先生を知りませんか」と尋ねると、必ず誰かしら紹介してくれるでしょう。こうして紹介されたネイティブの先生にハズレは少ないと思います。

「日本に住む外国人」ということでしたら、ソーシャルネットなどを利用して検索するというのも一つの方法です、本人の略歴が出ていれば、それをざっと見て、真面目そうな人、英語を教える意欲がありそうな人を選んでみてはいかがでしょうか。

　国際学部などに力を入れて、外国人講師や留学生を多く受け入れている大学もあります。こうした大学にメールを送り、「**Native English teacher wanted!**」（ネイティブの先生求ム）という掲示を出してもらえれば、ある程度の反応は期

待できると思います。

　さて、めぼしいネイティブの先生が見つかって、プライベートレッスンを始めるとき、注意することがいくつかあります。

　**まず録音について了承してもらう**こと、そして**授業をきちっと受ける**ことです。プライベートの授業ですから、ドタキャンはやめましょう。あなたが逆の立場だとして考えてみてください。自分のスケジュールをやりくりして、時間を空けておくのですから、土壇場でキャンセルされ、その分の授業料もまったく払わないということが続いたらどうでしょうか？　たとえどんなに授業料をもらっても教えたくないと思うのではないでしょうか？　教える以前に、このような相手では信頼関係が築けない、と不信感が募るのではないでしょうか？

　プライベートレッスンを始めるときには、このような最低限のマナーは守ってください。決められたレッスンには出る、都合が悪くなりそうなときは早めに連絡する、それでも事故などやむを得ない事情でキャンセルしたときは、最低限の報酬は払う。これは守るべきルールとして実践してください。

## 3. ネイティブがいるから頑張れる

　こうして「自分に正しい表現を教えてくれる人がいる」と思うと、英語を話すことが苦ではなくなります。そして、「英語で会議やプレゼンをしなければいけない」という状況になっても、「○○先生がいるから大丈夫」という安心感が得られます。

　英語の勉強は、時としてとても孤独でストイックなトレーニングになってしまいがちです。「自分ひとりで頑張らなければいけない」と思うと、プレッシャーばかりが強調されて、英語自体を楽しめなくなります。

　そんな孤軍奮闘のプレッシャーから解放されるためにも、「**自分を応援してくれる人がいる**」という状態をつくっていきましょう。

　国際会議やセミナーで出会った同業者も貴重なネイティブ先生になりますから、きちんと関係をフォローしておきましょう。

　こうしたネイティブの業界人にいつでも聞ける状況を持つことは、ビジネスで英語を使う上でとても役に立ちます。専門用語や、業界独自の言い回し、実際にアメリカではどういう風に表現するのか、このような疑問はネイティブの業界人に聞いてみてください。そして、英語界で実際に伝わる英語

を覚えていきましょう。

| | |
|---|---|
| 英語貴族 | いざというときに頼りになるネイティブ講師との良好な関係を築いている |
| 英語難民 | 独学でストイックな英語学習を続けている |

## Number 7 今日から始められる！英語貴族へのステップ

　さて、英語難民のみなさんは、これまでいろいろ英語力アップのメソッドを試されたことと思います。

　最後に普段、みなさんが使っている教材を使って、英語貴族になるためのトレーニングをしていく方法をご紹介します。

### 1.TOEIC対策でできる基本トレーニング

　英検やTOEICなど日本で行われている英語試験では、文章問題が出題されると思います。

　みなさんは練習問題を通じてこの文章問題を「読んで」、問題に解答していくと思いますが、ここではこの問題の文章を使って、「SV時制条件反射」や「ワードチョイス」の練習をしてみましょう。

　文章問題には全文の和訳がついている方がやりやすいので、最初はなるべく和訳のある文章を探してみてください。下記は手紙文を題材にした読解用の問題文です。

---

Dear Mary,

How are you? I hope everything is well with you. Thank you for coming over to our wedding ceremony last year. It was a really nice surprise for us to have you here in San Francisco. Tom and I have been enjoying our new life but there is one thing, over which we sometimes have to fight. He likes watching baseball games but I don't. He wants to bring me to games but honestly I can't enjoy the games. I don't know what I should do.

---

【和訳】
「親愛なるメアリー、お元気ですか？ おそらく元気でお過ごしのことと思います。去年は私たちの結婚式に来てくれてありがとう。ここサン・フランシスコにあなたが来てくれたなんて、本当に驚きでした。トムと私は新しい生活をとても楽しんでいますが、一つだけ、いつもケンカをすることがあります。彼は野球観戦が好きですが、私は好きではありません。だから彼はいつも私を試合につれていこうとしますが、私は正直楽しむことができません。私は、どうすればいいかわかりません」

この例題の文章を使って、まず「SV時制条件反射」のトレーニングをしてみましょう。

まず、文章の中の動詞をチェックペンなどで消していきます。そして欄外に、どの動詞を活用させるか、その動詞の原型を書いておきます。

チェックシートで文章を覆って、正しい活用変化を入れることができるかチェックしてみてください。日本文を見ながら、動詞の活用形を考えて正しい言葉を入れていきましょう。

たとえば最後の文章は、このようになります。

> **He (like) watching baseball games but (do). He (want) to bring me to games but honestly (enjoy) the games. I (know) what I (do).**

最初のかっこは現在の習慣ですから現在形です。主語が **he** と三人称単数なので、**likes** とします。

次は「私は好きでない」ですから **do not** とします。次の **want** も同様に三単現の s をつけて **wants** とします。

最後の3つの動詞は助動詞を使って表現してみましょう。「私はゲームを楽しめない」ということですから、**can't enjoy** とし、「私にはわからない」は動詞を否定する助動詞 **do** を使って、**do not know** とし、「どうすればいいか」は、**I should do** とします。

最初に5つくらいの文章を準備しておいて、隠されている動詞すべてに対して、正しい答えが導けるか、チェックしてみてください。すべて正しくできるようになったら、時間を短くして、半分くらいの分数で、全問正解できるか試してみてください。

これは条件反射として正しい SV を選べるかの練習ですので、問題にかける時間は短ければ短いほどいいです。最短時間でできるか、ゲーム感覚で解いていきましょう。

次に、ワードチョイスを勉強しましょう。

ここでは、最初に和訳文を見て、その内容を英文にしてみてください。

まず、「ここサン・フランシスコにあなたが来てくれたなんて、本当に驚きでした」、これを英語にしてみましょう。これまでの知識を総動員して、「**I was surprised that you came here in San Francisco.**」という英文をつくったとします。

これともとの問題文の英文を比較してみましょう。問題文は「**It was a really nice surprise for us to have you here in San Francisco.**」となっています。

ここでは、**surprise** という動詞よりも、**nice surprise** と名詞にして **nice** をつければ、「……は私にとっては本当に嬉しい驚き」と喜びを表現することができるのだな、と **surprise** と **nice** の使い方を覚えてください。

さらに、これを使ってメールを書いてみましょう。「**It was a really nice surprise to hear from you again.**」と書けば、「あなたからお便りをもらうなんて、素敵な驚きです」という意味になりますし、「**It was a really nice surprise to see you last week.**」と書けば、「先週あなたにお会いできたのは本当に素敵な驚きでした」と自分の興奮した気持ちを表すことができます。

さらに一歩踏み込んで、応用することができるか考えてみ

ましょう。

　たとえば、来週本社から来る人たちに、「来ていただけて本当に嬉しい」という意味を伝えるときに、この表現が使えるかどうか考えてみましょう。

**「It was a really nice surprise for us to have you here in Tokyo office.」**

　この表現が果たして英語の表現として使えるかどうかを確かめるのに、おすすめの方法があります。

　最近はインターネットなどを通じて、フィリピンやマレーシアなどアジアの英語スピーカーと話すことができるようです。しかも、グループレッスンにすれば、お手軽な値段で英語を話す機会がフレキシブルに持てるようです。

　こうした機会を利用して、英語圏の人に意見を聞いてみることをお勧めします。

「でも、どうやって？」「何を言えばいいの？」「相手が何を言ったかわからない？」「いきなりハードル高すぎ！」

　そうパニックになられる方もいるかもしれません。ですが、ネイティブと話すためには、少しずつ実際に英語を話す機会を増やしていった方がいいでしょう。そのために、短い時間で、ネイティブと会話をするコツをお伝えします。

## 2. インターネット格安レッスン活用のコツ

### ポイント❶ 文章はできるだけ短くする

まずネイティブと話すときは自分の言いたい文章はなるべく短くします。

「私は、このような状況で、こう言いたいという文章を考えたのですが、意見を聞かせていただけますか？」

**I have an expression which I would like to use under certain situation, and I would like to have your opinion on how it sounds.**

この文章は長すぎます。短くしていきましょう。短くするにはSVに着目して区切ることです。
「私はある表現があります」（**I have an expression**）
「私はこれをある状況で使いたいです」（**I would like to use this in a certain situation**）
「私にはわかりません」（**I don't know**）
「ネイティブがどのようにとらえるのか」（**how this sounds to native speakers**）
「あなたの意見を聞かせてください」（**please give me your**

**opinion**）

　SV に着目すると、文章が区切りやすくなると思います。このように、「SV 時制条件反射」は、まず SV だけの短い文章をつくるのにも役立ちますので、しっかりレッスンしてください。

## ❗ポイント❷ 習った単語は使わない

　日本人は覚えた単語を実際の会話で使おうとしますが、話しかけられた相手は、そのような単語が出てくるとは思っていないので、一瞬意味がとれずにわからなくなります。

　たとえば、「私はその単語の使い方を調べたい」というときには、「**I would like to check how to use this word.**」と、「調べる」という意味に check を使えば十分伝わります。

　けれども、ここで「調査する」という意味の **investigate** を使って、「**I would like to investigate how to use this word.**」と言うと、相手は 100 パーセント「**What? Excuse me?**」と聞き返してくるでしょう。

　あなたは、「自分が間違ったことを話したのでは？」と思い、小声でボソボソ話すようになり、コミュニケーションがとれなくなります。なるべく簡単な言葉を使って、ゆっくりと、大きな声で質問するようにしましょう。

## ポイント❸ 会話は録音し、相手の言ったことがわからなかったら、ゆっくりと聞き返す

「もう一度言ってください」「ゆっくりと話してください」「別の言葉で言ってください」「たとえば？」など、より具体性を持たせるように質問しましょう。

それでも相手の言う内容がわからなければ、「Thank you, I will think about what you said.」などと言って、会話をいったん打ち切ります。そして、後で録音した内容を聞き返してみましょう。

ゆっくり話された言葉を速度を落として聞いてみると、言っている内容が大体わかります。その単語や表現を辞書やインターネットで調べてみれば、相手が伝えようとしていた内容がよりクリアになります。

## ポイント❹ 単語の使い方、表現に的を絞る

こうした会話のクラスは、うっかりすると自分の疑問が解決せず、自分の会話力も向上しないまま時間が過ぎてしまうことがありますので、目標を絞るといいでしょう。

特に単語の使い方や英語の言い回し、などにフォーカスしましょう。TOEICなどで頻出する単語は単語集で覚えていらっしゃる人も多いかと思いますが、単語を覚える際に重要なのは、実際の例文とともに、どのような状況で、どういうニュアンスを伝えるときにその単語を使うか、を覚えることが

大切です。

　覚えた単語は、自分で例文をつくり、その例文で問題ないか聞いてみましょう。

　下記のような文章を使って、実際に会話の先生とチェックをしてみてください。内容を録音しておけば、後からチェックして、確かめることができます。

「私はこの単語の使い方を知りたいのですが」(**I would like to know how to use this word.**)

「この例文でおかしくないでしょうか？」(**How does the following sentence sound? Do you think I correctly use this word?**)

「これと類似の意味の単語にはどのようなものがあるのですか？」(**Is there another word which has the same meaning?**)

「どういう状況で使うのですか？」(**How should we use this word? In which situation can we use this word?**)

「この単語AとBという単語は、どういう風に使い分けるのですか？」(**What is the difference in use between A and B? How do you differentiate A from B?**)

| | |
|---|---|
| 英語貴族 | 英検やTOEICなどの受験対策用の教材を通じて、「SV時制条件反射」や「ワードチョイス」のトレーニングを行う |
| 英語難民 | 英検やTOEICなどの受験対策中心の勉強を行う |

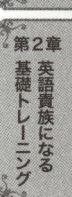

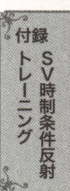

# Number 8 こんなレッスンなら参加したい！スピーチクラス実践、受講者の喜びの声

## 1.スピーチは1分間！

　私が講師を務める不動産英語塾では、すでにこのスピーチ・メソッドを開始し、多くの受講生の方から好評を得ています。

　まず、スピーチの時間を1分間という短い時間に区切り、自分が今一番伝えたい内容を英語で作文してみます。

　この作文内容を、本書で述べている骨格、ワードチョイス、SV時制の対応に注意しながら、100パーセント伝わるフローに変えていきます。

　この講座はいつも日本人講師とネイティブ講師がともに参加していますので、自分が伝えたい内容は日本語講師に日本語で伝えることができます。その内容をネイティブとともに、実際に伝わる英語に置き換えていくことになりますので、受講生の方は、コミュニケーションについての心配がなく、安心して参加しています。

　こうして、スピーチの内容を伝わるフローに置き換えたら、次にこれを暗記します。1週間かけて暗記するのですから、それほど難しい作業ではありません。

　私はいつも生徒さんに、「文章をなるべく短くし、大きな声で発声するように練習してください」とアドバイスしています。

人前で発表すると、せっかく覚えた内容もうまく話せないことが多いのですが、ポイントは「**文章を短くすること**」です。SVに着目して1つの文章を2つか3つに分け、ゆっくりと大きな声で話していくようにします。
　こうすることによって、「英語で話す」という感覚を自分の体が覚え込みます。英語はこうして五感を使って覚えていくのです。

　不動産英語塾は毎回10人程度の参加者で進めていますが、これだけの人数を前にして英語で話すという経験を積んでいけば、1人や2人のネイティブを前にして英語を話すことがそれほど苦痛ではなくなってきます。
　日本ではこうした英語の実践の場が少ないので、不動産英語塾のような講座はとても貴重だと言えるでしょう。

　この日本人講師とネイティブ講師がいっしょになってフローをつくり、受講生がそれをスピーチするというスタイルの講座は、企業や団体など要望があれば、不動産に限らず他の業界でも、どんどん行っていこうと思っています。

## 2. ボキャブラリービルディングはこう行う！

　関連して、ここで単語の覚え方もお話ししておきます。
　受験英語はあまり役に立たないと言いましたが、大学受験

でみなさんが勉強した英単語・イディオム集のすべてが無駄というわけではありません。インターネットでチェックしてみると、概ね7割から8割程度は知っておかないと日常の会話ができないだろうと思われる重要な単語です。

ですので、「必須単語〇〇語」「TOEIC・TOEFL必出単語集」「ボキャブラリービルディング」的な単語学習は行う価値があると思います。

問題は覚え方です。私は例文で覚えることをお勧めします。単語は相互に関連し合っていますので、お互いの単語を結びつけて覚えた方が効率的です。

たとえば、組織や企業グループなどがその機能性を重視して、縦方向に統合することを、**vertical integration** と言いますが、**vertical**（垂直方向の）、**integration**（統合）、と各単語を切り離して覚えるよりも2つを一緒に覚えた方が、知識として定着しやすいです。

さらに、「この縦方向の統合を推進している」という単語 **promote** と合わせて例文を作り、「**That group is now promoting the vertical integration among group companies**」（その企業グループはグループ内各社の縦型統合を進めている）という文章で覚えていけば、実際の会話でも活用しやすくなります。

スピーチのクラスでは、必ずしも自分でスピーチを作成す

る必要はありません。今覚えている単語を、このような例文にしてみた、というのを示すだけでもいいのです。

　日本人講師とネイティブ講師で、この使い方をチェックし、より自然な単語の使い方になるように、例文を改良していきます。そして、こうした正しい使い方で、自分の知らない単語が入った例文をいくつか覚えていけばいいのです。

　他のスピーチもそうですが、これはその場にいる受講生にとっても大いに役に立つ内容ではないでしょうか。みなさん、仕事の合間を縫って英語を勉強されている方がほとんどだと思いますので、毎回何か伝えたい内容を考え、英作文するという時間はないかもしれません。

　そんなときは、普段疑問に思っている単語の使い方、あるいは今単語ノートで見つけた単語を「ネイティブに100パーセント伝わる例文」で覚えこんでいけばいいのです。

　こうした日本人講師、ネイティブ講師との講座は、ワードチョイス特集、フローのつくり込み特集など、いろいろとバラエティを広げて展開していきたいと思っています。

| | |
|---|---|
| 英語貴族 | 複数の単語やイディオムを結びつけて、必ず例文で覚える |
| 英語難民 | 単語やイディオムを例文ではなく、単独で覚えようとする |

## Number 9 世界を舞台に能力発揮！これであなたも英語貴族の仲間入り

### 1. 続く、伝わる、話せる！

　さて、最後に序章でみなさんに提示した「英語難民からの脱出方法」をもう一度確認しておきましょう。英語難民の悩みは「英語の学習が続かない」「自分の言いたいことを英語でどう表現すればいいのかわからない」「相手が言っていることは聞き取れるが英語でどう答えればいいのかわからない」でしたね。

　最初の「英語の学習が続かない」という悩みに対しては、どうすれば継続できるのかを第1章で紹介しました。ポイントは、スポーツとしてトレーニングすること、そして自分の習慣や趣味と英語をドッキングさせることでした。
　二つ目の「自分の言いたいことをどう英語で表現すればいいのかわからない」に対しては第2章で説明したフローをつくることで、問題を根本から解決していきましょう。つまり、「SV時制条件反射」で基本文法を体に覚え込ませ、そして骨格とワードチョイスを直して、確実に伝わる文にします。あとはこのフローを覚えて話すだけです。
　この「フローを覚えて話す」が三つ目の問題点「相手が言っていることは聞き取れるが英語でどう答えればいいのかわからない」を解決していきます。これは第3章で説明したスピーチメソッドを使い、スピーチの練習をしていくと必ず話

せるようになります。

　二つ目と三つ目の点を「毎日続けるのは難しい」と言われる人には、ペースを落としてゆっくり学習することをおすすめします。自分のペースでじっくりやっていけばいいのです。焦る必要はありません。けれどもペースを落としても、英語には毎日必ず接してください。1週間英語に触れずに、思い立ったように再現するのはダメです。

　この英語のエクスポージャーを毎日継続するには、楽しみと英語のドッキングが威力を発揮します。こうして日々英語に触れながらストレス解消を行ってください。

## 2. 英語貴族になった私の1日

　本書もいよいよ終わりに近づいてきました。ここでは、英語貴族になった私の典型的な一日をご紹介します。「自分もこんな風になれるのだ」と英語貴族を目指されるみなさんが、自分の将来のイメージをつくる上で参考にしていただければと思います。

　「外資の仕事」というと、日本企業で働く人には、いまひとつピンと来ないかもしれません。日々の業務がどれくらい忙しいのか、そしてどのくらい英語を使っているか、をみなさんによく理解してもらうために、外国人の上司ミートと一緒

に仕事をしていたときの私の日常をお話しします。

　ミートは、私が働いていたドイツ系銀行の本社にいました。彼は貸出の審査と市場調査を行う部門の部門長で、アメリカ、ヨーロッパ、アジアなどの世界のあらゆる地域を統括していたのです。私は日本を含むアジア担当でした。

　外資で働く場合、本社とコミュニケーションをとる必要がある役職には、相当な英語力が要求されます。本社から送られた外国人がこのポジションに就くことが多く、日本人でこうしたポジションに就けるのは、帰国子女がほとんどです。

　しかし、帰国子女でなくても、きちんとした貴族の英語が話せれば、こうしたポジションに就くことができます。私は、自分の専門性とキャリアを英語でキチンと話すことができたので、こうした本社とコミュニケーションをとる重要なポジションに就くことができたのです。

　典型的な私の一日の仕事の流れをお話しします。まず朝9時頃出社し、日本時間の午前中に、日本にいる業界の専門家などいわゆる不動産プレーヤーに連絡をとります。また、現地調査や関連業者とのミーティングなど、日本時間の昼間でしかできないことを要領よく片づけていきます。

　次に結果をすべて英語でまとめます。英語のデータも適宜読んで取り入れます。あるいは日本語のデータを英語に訳し

て挿入し、自分が日本市場で行えるすべてのことを効率よくまとめ、あるいはエクセルの表にしてミートにメールします。

　これらをすべて終えるのが午後の２時から３時頃で、そこで遅めの昼食をとります。ドイツとの時差は７～８時間ですから、日本時間の夕方４時から５時にドイツの営業時間が始まります。ミートからすぐに電話が入り、私が送ったメール内容について英語で話します。その日に修正しなければならないことは、電話を切った後すぐに作業に取り掛かり、修正内容をミートに送り、その内容をさらに電話で議論します。場合によっては夜の９時か10時頃まで、あるいはもう少し遅くまでかかりますが、改良するべき点はその日のうちに行います。

　少し時間に余裕があり、修正点を直していくのは明日でも大丈夫という場合、修正は翌日になります。翌朝また９時以降に日本市場でできることを中心にさらにリサーチを行い、その結果をミートに送り、電話でディスカッションし、最終的なアウトプット（成果品）をつくっていく、というのが私の仕事の流れです。私たちの電話会議も、レポートの作成も、その結果の説明もすべて英語で行います。

　もちろん英語の能力がないとこうした仕事は任せてもらえませんが、その英語を通じて、会社にとってとても有用な価値ある情報をもたらすことができたので、私はかなり長い期間、ミートや本社から大きな信頼を得て、この銀行で働くこ

とができたのです。

　このように外資では、学歴や性別など関係なく、純粋に、個人の仕事の能力を評価してもらうことができます。外資で働くことができたので、私は日本の会社にある矛盾や古い制度などとは無縁で、仕事のストレスはほとんどありませんでした。思う存分能力を発揮する場が与えられたのも、すべて、貴族の英語を身につけたからだと思っています。

## 3.英語貴族になって自分の可能性を広げる！

　「はじめに」でご紹介した英語で講演を行った女性は、帰国子女ではないのですが、SV時制の完璧な一致、ワードチョイス、話の骨格など、どれをとっても立派な貴族の英語でした。私自身、留学経験も何もなくて本当に苦労してMBAを取ったので、この方が英語を習得したときの苦労は手に取るようにわかりました。

　彼女は、自分の発音やアクセントを気にせず、頭で考えた文の構造を適切な言葉と文法を使いながら話していました。この堂々とした態度は、同性ながらほれぼれするほどカッコいいものでした。多くの論点で、「そう、まさにその通り」と私と意見が一致するところもありました。なんだか他人とは思えないほどの親近感を抱いてしまったほどです。

この方からは「日本を背負って立つ」という気概や意気込みも伝わりました。さらには日本の現状、特に日本の強みも本当の弱みもよくわかっていて、その上ですべてを考慮した今時点の最良の政策を推し進めようという姿勢がよく伝わってきました。さらにこの日本という国を守ろうとする一種の責任感のようなものも併せて感じました。

　英語貴族を目指す人の全員が全員、このようなコミットメント（使命感）を感じる必要はないと思います。けれども、外資で働いたり、あるいはこの方のように日本を代表する立場で国際社会で活躍する英語貴族になった日本人は、本当に貴重な存在になれます。
　自分の能力がこれまでの範囲とはまったく違う、より広いステージへと広がっていく。その可能性を追求できるのは素晴らしいことだと思います。英語はそのための基本的な手段です。
　自己の能力を無限に発展させるその第一歩は、コミュニケーションです。きちんと伝わる英語が使えれば、あなたの可能性はどんどん広がっていくでしょう。このスピーカーのように、国際会議の場で堂々と日本の政策について語る、そんなことも夢ではないのです。

　すべては英語貴族になることで道が拓けていきます。英語貴族になった自分のイメージをクリアに持って、この英語貴

族になるトレーニングを行ってください。それが英語難民から脱出する一番の近道です。

| | |
|---|---|
| 英語貴族 | 英語を足掛かりに自分の可能性をどんどん広げようとする |
| 英語難民 | 英語力の向上を目的にしている |

### 第3章のまとめ

🍁 ネイティブチェックは、チャンスを有効活用し、自分のモチベーションを上げるために不可欠。SV時制が条件反射で出るようになれば、ネイティブレッスンのハードルはぐっと低くなる

🍁 ネイティブとつくったフローはスピーチをして覚え込む。スピーチの場はいくらでも探せる。フローを筋肉化し覚え込むポイントは、大声で発声すること

🍁 「ネイティブとフローを作成」→「覚え込み」→「スピーチ」。これを繰り返すと、英語が本当に話せるようになる。スピーチは慣れてきたらボリュームと頻度を増やす

🍁 貴族英語のキモはネイティブと同じルール(SV時制)、同じ言葉(ワードチョイス)、同じリズム(骨組み)

🍁 ネイティブ講師との関係の築き方に注意。英語の師匠はあなたの生涯の財産になる

🍁 英語貴族になると、キャリアだけでなく、あなたの人生が大きく好転する

## COLUMN 3

### サッチャーが使ったイケてる「can」

　最も簡単な助動詞 can は、日本人がなかなか上手に使えない、ワードチョイスに気をつけるべき単語です。

　can の場合、英語難民が can を使って失敗する、というよりも、can を使うべきところで使わず、別の単語を使ってしまうことで意味が伝わらなくなる、という例がほとんどです。

　can の一般的な意味は「〜することができる」ですが、これ以外に「〜してもよい」「〜したってかまわない」というニュアンスを出すときにも、とてもよく使われます。

　英国の元首相サッチャーが亡くなったとき、ニュースでは首相在任中のサッチャーの映像が流されていました。おそらく英国の議会中継の映像でしょうか、自分が鉄の意志で断行する政策に反対する人たちに、彼女はある一言を言いました。その一言につけられていた日本語字幕は、「戻りたければ戻りなさい！」でした。さて、サッチャーはなんと言ったのでしょうか？

　日本語の字幕をそのまま直訳すれば、「Return if you want to go back.」という英文ができあがります。しかし、この訳文ではワードチョイスに問題があります。return や go back はかつて自分が存在したところに物理的に戻っていくという意味ですから、サッチャーが伝えようとしている内容と一致しません。サッチャーは、「こうした改革路線をたどるのが嫌な人は、方向転換をして、（時代の流れに）逆行していけばいいわ！」と相手の方向転換路線を暗に批判しているのです。文句ばっかり言って、この改革に反対する人はどうぞ今までの（古い）方針に帰っていけばいい、とタンカを切っているのです。

　このとき、サッチャーが使ったのは、「You can turn around if you want to!」という表現でした。can はこのように「〜したければしたってかまわないわ、どうぞおやりなさい！」というニュアンスを伝えるのに適したワードです。

　映画『Shall we ダンス？』のテーマ曲も「You can dance…」と歌が始まりますね。これはあなたが他の人と踊っていたいのなら、どうぞ踊ればいい、でもラストダンスは私のためにとっておいてね、という余裕を見せた表現なのです。

　can はこのように相手に対し、「どうぞやりなさい」と余裕の態度を示しつつ、（最終的には私のところに戻ってくるのだから）と自分の立場を強調する表現なのです。まさに前記の日本語訳は適訳と言えるでしょう。

# 付録
# SV時制条件反射
## トレーニング

　よくある場面で使える会話表現をもとに、SV時制の条件反射の練習と、正しいワードチョイスを身につけましょう。

　この問題50題は繰り返し問いてください。最初の2～3回は解説を読み、内容を理解して解いてください。4回目以降は時間を計ってみましょう。50題すべてを何分で解けるか下記に記録してください。そして半分の時間で解けるようになるまで繰り返してください。

| 回 | 1回 | 2回 | 3回 | 4回 | 5回 | 6回 | 7回 | 8回 | 9回 | 10回 |
|---|---|---|---|---|---|---|---|---|---|---|
| 日付 | / | / | / | / | / | / | / | / | / | / |
| 時間 | 分秒 | 分秒 | 分秒 | 分秒 | 分秒 | 分秒 | 分秒 | 分秒 | 分秒 | 分秒 |

| 回 | 11回 | 12回 | 13回 | 14回 | 15回 | 16回 | 17回 | 18回 | 19回 | 20回 |
|---|---|---|---|---|---|---|---|---|---|---|
| 日付 | / | / | / | / | / | / | / | / | / | / |
| 時間 | 分秒 | 分秒 | 分秒 | 分秒 | 分秒 | 分秒 | 分秒 | 分秒 | 分秒 | 分秒 |

## 場面(1) 初対面の外国人との会話、使えるフレーズを覚えましょう。

和訳を見て、(　)内にあてはまる適切な英語表現を選択肢の中から選んでください。

### Q1
I usually (　　　　) to avoid miscommunicatio
（私は誤解をさけるため、普段はゆっくり話します）

**ワードチョイスヒント！**

話すは**speak**です。**talk**は人に何かを語るとき、**tell**はある情報を相手に話すときに使います。

**正解** I usually **speak slowly** to avoid miscommunication.

一言メモ☞ 英語を話すことに慣れていない場合、最初に相手にこのフレーズを言っておくと、あなたの話す英語がたどたどしくても、相手もあなたもさほど気にならなくなります。「**My English is poor!**」はあまり使わないようにしましょう。

### Q2
I hope (　　　　).
（あなたが気にしてくれなければいいのですが）

**ワードチョイスヒント！**

「気にする」は**mind**を使います。

**SV時制チェック！**

Sは**you**、Vは**mind**、時制Tは今あなたが気にするかしないか心配しているので現在です。

**正解** I hope **you don't mind**.

**Q3** Please (　　) when you feel (　　　).
（もっと説明が必要だと思ったら私に教えてください）

**ワードチョイスヒント！**

「教えてくださいは」 **let me know**と言います。**teach**は語学などの知識を教えるときに使いますが、このようなシチュエーションでの「教えてください」には使いません。

**SV時制チェック！**

SはI、Vはexplan、「〜するべき」はshouldを頻繁に使います。

**正解** Please **let me know** when you feel **I should explain more**.

一言メモ☞「ゆっくり話します」と言っていますので、もし私の言うことが（あまりにも遅くて）わかりにくかったら言ってくださいと宣言しておけば、「すぐに返答しなければ！」というプレッシャーもなくなりますし、相手に対しても親切です。

**Q4** How (　　) so far?
（日本の印象はどうですか？）

a) has you found Japan
b) do you feel Japan
c) have you found Japan
d) has it found you Japan

場面 (1)

## 初対面の外国人との会話、使えるフレーズを覚えましょう。

**ワードチョイスヒント！**

印象はどうですか？ →日本をどのように見つけていますか？

**SV時制チェック！**

**so far** はこれまでという期間を表す言葉、さらに、現在までも動作が継続している状況ですから、完了時制を使います。**S**は**you**、**V**は**find**、**SV**の正しい対応は**c) have you found Japan**が正解です。

**正解** How **have you found Japan** so far?

**一言メモ☞ how**、**why**などを使って質問すれば、相手が理由や手段を説明してくれますので、たくさん話してくれます。相手になるべく話をさせて、自分が聞く側に回る、というのが賢い会話の展開方法です。

**Q5** Actually, I (　　) enough time to explore the city yet.
（実は、街を散策する十分な時間がありませんでした）

a) was not have　　b) has not had,
c) am not have　　d) have not had

**SV時制チェック！**

**S**は**I**、**V**は**have**、時制**T**はこれまでという一定期間の中で散策するという経験がなかった、機会が持てなかったという意味なので完了時制。正しい**SV**時制の一致は、**d)**。

**正解** Actually, I **haven't had** enough time to explore the city.

## Q6
Now (　　) the best season to travel to Japan.
(今は日本への旅のベストシーズンではありません)

a) we are not　　b) we have not
c) it is not　　d) it does not

### SV時制チェック！
気候、時間、季節は**it**を主語にします。**it**が**S**、**V**は状態を表す**be**になります。時制は現在の状態ですから、単純現在を使います。**SV**の正しい対応は**c)** が正解です

**正解** Now it's not the best season to travel to Japan.

一言メモ☞ 相手から話しかけられる前に、お天気などの無難な話題、そして覚えている話題を話して、時間をかせぐのも会話のテクニックです。

## Q7
If you (イ) to Japan in early April, you (ロ) Japan more.
(もし日本に4月の初旬に来れば、日本をもっと楽しめるでしょう)

イ：a) come　b) comes　c) are coming　d) have come

ロ：a) are going to enjoy　b) will enjoy　c) have enjoyed　d) enjoy

### SV時制チェック！
イ：時制は現在のことを話していますから、**if** の後は現在

# 場面(1) 初対面の外国人との会話、使えるフレーズを覚えましょう。

にします。主語**you**に対応するのは、**a) come**になります。

ロ：**if**の後は現在形ですから、主節の動詞は**will do**とします。**if you do A, you will ～** という形を覚えておきましょう。

**正解** If you **come** to Japan in early April, you **will enjoy** Japan more.

### Q8

In early April, (　　　) a lot of cherry blossoms blooming.

（4月の上旬には、桜がたくさん咲いて**います**）

a) there is　b) you are　c) it has　d) we have

**ワードチョイスヒント！**

「2月には雪が降る」「日本の6月には雨が降る」など天候、気候を表すときには 一般的な主語**we**と**have**を使います。

**SV時制チェック！**

Sは**we**、Vは**have**なので**d)**が正解です。**a)**と**b)**は後ろの主語と名詞の数と合っていません。**c)**は**it**が何をさすか不明確です。

**正解** In early April, **we have** a lot of cherry blossoms blooming.

### Q9 (　) a really beautiful scene.
（それはとても綺麗なシーンです）

a) It is　b) It was　c) We are　d) There is

**SV時制チェック！**

Sは**it**、Vは**be**、毎年の状況を述べていますから、時制は現在です。したがって、**a)**が正解です。**c)**は名詞の数と不一致、**d)**は訳と一致しません。

**正解** It is a really beautiful scene.

---

### Q10 (　　　　) such a nice view in everywhere in Japan.
（日本中どこででもそんなすばらしい景色が見られますよ）

a) you watch　　　b) you find
c) you can watch　d) you can find

**ワードチョイスヒント！**

**watch**は試合やテレビを見るです。一般的に物を見る場合は**see**を使います。ここでは、景色にお目にかかることができる、景色を見つけることができるというニュアンスなので、**find**がいいでしょう。「〜できるでしょう」という意味合いを出すには、**can**を使った方がベターです。

**正解** You can find such a nice view in everywhere in Japan.

## 場面 (1) 初対面の外国人との会話、使えるフレーズを覚えましょう。

### Q11
（イ）your first time to（ロ）to Japan?
（日本に来るのは、今回が初めてですか？）

イ：a) Is this　　　　b) Are you
　　c) Does this　　 d) Is here
ロ：a) go　b) come　c) tour　d) visiting

#### SV時制チェック！
イ：のあとは名詞ですから、Sは名詞とイコールになるものです。Sはit、Vはbeで、a)が正解です。b)は意味が変です。c)は動詞がない、d)は文が不完全です。

#### ワードチョイスヒント！
「日本に来る」はある場所に来るのですからcomeを使います。話し言葉ではなるべく簡単な言葉を使ってください。c)とd)も動詞ではなく、名詞形なので、不適切な形です。

**正解** Is this your first time to come to Japan?

一言メモ☞ 外国人と初対面のときには、この表現は便利ですが、この答えを聞いた後、次の会話へのつなぎを準備しておきましょう。前掲の「日本はどうですか」と聞けば、相手により多く話させる自然な会話の流れができます。

### Q12
Yes, it is. In the past, I (　　) to any countries in Asia.
（ええ、アジアの国にはこれまで旅行したことがありませんでした）

a）have never traveled　　b）did not travel
c）traveled never　　　　　d）don't travel

🗨 **SV時制チェック！**

SはI（私）、Vは旅行する、時制は過去のある時点から現在まで一定の期間の中の経験なので完了時制、SV一致はa）have never traveledが正解

**正解** Yes, it is. In the past, I have never traveled to any countries in Asia.

**Q13** (　　) some souvenirs of Japan?
（何か日本のお土産を買いたいですか？）

a）Would you like buying　b）Do you have
c）Are you want to have　　d）Would you like to buy

🗨 **ワードチョイスヒント！**

中学英語の復習です。「〜したいですか？」という丁寧な表現はwould you like to 動詞の原形なのでd）が正解です。a）はbuyingが不適切、b）は意味が違います。c）は日本人が咄嗟に間違えて発してしまう英語です。「would you like to」をひとまとまりで覚えた方がいいでしょう。

**正解** Would you like to buy some souvenirs of Japan?

**一言メモ☞** お土産はあたりさわりのない話題で、日本を訪れた外国人は一般的に喜ぶ話題です。この部分は暗記して使

# 場面 (1) 初対面の外国人との会話、使えるフレーズを覚えましょう。

えるようにしておきましょう。

### Q14
**Yes, I would like to. I (　　) something for my wife and children.**

(はい、私は妻と子供に何か買わなければいけません)

**ワードチョイスヒント！**

日本人はついつい**must**を入れてしまいがちですが、これでは使命のように強い「〜しなければならない」の意味になってしまいます。一般的な「〜しなければいけない」というニュアンスには**have to**や**should**を使います。「I should buy〜」と言えばニュアンスは十分伝わります。

**正解** Yes, I would like to. I **should buy** something for my wife and children.

### Q15
**(　　) something in mind that you want to look at?**

(何か見てみたいお土産物がありますか？)

a) Are you have　　　　b) Does you have
c) Would you have　　　d) Do you have

**ワードチョイスヒント！**

お土産がある→「お土産に関する考えを持っていますか」と日本語を転換して考えましょう。

#### SV時制チェック！

Sは**you**、Vは**have**、時制 Tは現在です。疑問形ですから、d) **Do you have**とします。a)とb)は文法的に間違い、c)は現在の時制に合いません。

**正解** Do you have **something in mind that you want to look at?**

### Q16

I（イ）particular in my mind. Do you have any（ロ）?
（特に何も考えはありません。おすすめはありますか？）

イ： a) do not have a    b) have anything
     c) am not    d) have nothing

#### ワードチョイスヒント！

推薦という意味のおすすめは、**recommendation**です。**suggestion**はどうすればいいかわからないときの解決策の示唆、**advice**は相手の行動や現状に対して状況を好転、改善するための助言です。ここでは単純に推奨する土産物の意味ですから**recommendation**を使います。

#### SV時制チェック！

「何も持っていない」は英語特有の表現です。「何もないというものを持っている」という意味で**d)**とします。

**正解** I have nothing **particular in my mind. Do you have any recommendations?**

場面 (1)

## 初対面の外国人との会話、使えるフレーズを覚えましょう。

**Q17** (　　　　　) want to buy something very Japanese.

(外国人は皆、何かとても日本的なものを買っていきます)

a) Most foreigners　　b) Every foreigner
c) A foreigner　　　　d) Many foreigner

**SV時制チェック！**

Vはwant、時制は現在、三単現のsが付いていないので主語は複数、b)からd)はすべて不適切で、正解はa)。

**正解** **Most foreigners** want to buy something very Japanese.

**Q18** For example, (　　) Kimonos, Japanese traditional clothes.

(たとえばですが、こうした外国人はたいてい着物を買いたいといいますね。)

a) it usually want to buy
b) there usually want to buy
c) they have usually wanted to buy
d) they usually want to buy

**SV時制チェック！**

SはForeigners、Vはwant to buy、T時制はusuallyがあるので単純現在、d)が正解。

**正解** For example, **they usually want to buy** Kimonos,

Japanese traditional clothes.

### Q19

Some people (　　　) sake, a Japanese drink, you know.

（日本の飲み物、酒が買いたいという人もいます）

a) prefer buying　　b) prefer buy
c) prefers buying　　d) have preferred

**SV時制チェック！**

主語はsome people複数、複数に対応する動詞はa)、b)、d)、T時制は現在の状況なので単純現在、preferの後は原則名詞なのでbuyを名詞形にしたbuying、a)が正解。

**正解** Some people **prefer buying** sake, a Japanese drink, you know.

### Q20

But（イ）is a bit heavy. You（ロ）about the weight of your luggage.

（けれども酒はちょっと重いですから、荷物の重さに注意してください）

イ：a) Sake bottles　b) Sakes　c) a bottle of sake

ロ：a) are careful　　b) have been careful
　　c) has to be careful　d) have to be careful

## 場面(1) 初対面の外国人との会話、使えるフレーズを覚えましょう。

### SV時制チェック！

イ：カッコの後は**is**なので、対応する主語は**c)**のみ

ロ：主語は**you**、動詞は**be**、文章の意味は「注意するべき」というニュアンスがあるので、単純現在形、**have to**の形を使うので、回答は**d) have to be careful**

**正解** But **a bottle of sake** is a bit heavy. You **have to be careful** about the weight of your luggage.

### Q21

Thank you for your advice. What about for my children?　Do you have any idea on (　　　) for them?

（アドバイスありがとう。子供向けではどうでしょうか。子供には何を買っていけばいいでしょうか）

a) what should I buy　　b) what I buy
c) what I should buy　　d) what they buy

### SV時制チェック！

**on**の後が節になっていますが、基本は同じです、**SV**時制を一致させます。**S**は**I**、**V**は買うべき、時制**T**は近い将来なので、現在形、助動詞**should**＋動詞の原型で表現、節の中は疑問詞があっても**SV**の倒置はしないので、回答は **c)**となります。

**正解** Do you have any idea on **what I should buy** for them?

## Q22

**Well, for children, if (イ)Japanese cartoons, buying some goods related to cartoons would be (ロ).**

(お子さんには、もし日本のアニメが好きなら、アニメの商品を買うのを考慮されてもいいでしょう)

イ： a) **they like**　b) **he like**　c) **they are**　d) **he is**

### SV時制チェック！

Sは**they**、Vは**like**、時制Tは現在、正しい対応は**a**)のみです。

### ワードチョイスヒント！

選択肢には、**option**という言葉を使います。「〜は選択肢の一つですね」と言えば、「〜を考えてもいいでしょう」という意味になります。カッコ内には、**one of options**と選択肢（複数）のうちの一つという表現を入れます。

**正解** Well, for children, if they like Japanese cartoons, buying some goods related to cartoons would be one of the options.

## Q23

**If you (イ) to the basement floor of Tokyo station, (ロ) a lot of character shops.**

(東京駅の地下に行けば、キャラクターショップがたくさんありますよ)

イ： a) **have gone**　b) **go**　c) **goes**　d) **must go**

ロ： a) **you are**　b) **you will be**　c) **you did find**
　　　d) **you will find**

## 場面(1) 初対面の外国人との会話、使えるフレーズを覚えましょう。

**SV時制チェック！**

イ：**S**は**you**、**V**は**go**、時制**T**は現在の条件、仮定を表しているので現在形です。正解は**b**)です。

ロ：**S**は**you**、**V**は**fnd**、時制**T**は将来の予測、これに対応するのは**d**)です。

**正解** If you go to the basement floor of Tokyo station, you will find a lot of character shops.

---

**Q24** You (　　) nice gifts for your son or daughter.
(息子さんか娘さんに素敵なお土産を見つけることができるでしょう)

a) will be finding　　b) will find
c) are going to find　　d) will be able to find

**SV時制チェック！**

**S**の**you**に対して、どの選択肢も**V**の形は間違っていません。時制は将来のことです。さらに「〜できるでしょう」というニュアンスを含む最適の形は**d**)になります。

**正解** You will be able to find nice gifts for your son or daughter.

---

**Q25** That（イ）good. I（ロ）there.
(それはいいです、試してみます)

ロ： a) am  b) don't buy  c) will buy  d) will try

**ワードチョイスヒント！**

イには、「…は〜のように聞こえる」、つまり「それは良いアイデアのように聞こえます」という意味の単語**sounds**を入れます。

**SV時制チェック！**

（ロ）のカッコには、**S**（**I**）に対応した動詞**V**を入れます。時制は試してみるということですので、現在あるいは将来時制です。**a)**と**b)**は意味から不適切です、**c)**は**buy**の目的語が抜けているので不適切、正解は**d)**になります。

**正解** That **sounds** good. I **will try** there.

### Q26

If you would like to, I (　) you there.

（もしご希望でしたら、私は喜んであなたをそちらにご案内しますよ）

a) I am happy to take
b) I take you with happiness
c) I am happy to guide
d) I guide you with happiness

**ワードチョイスヒント！**

案内するは「**take 人 to 場所**」が一般的です。**guide**はちょっと硬い表現です。「喜んで○○する」は「**be happy to do**」が使えます。最も適切な選択肢は、**a)**になります。

## 場面(1) 初対面の外国人との会話、使えるフレーズを覚えましょう。

**正解** If you would like to, I am happy to take you there.

### Q27
Oh, thank you. (　　　).
(ああ、ありがとう。ご親切に感謝します)

a) That is your kindness.
b) I thank you for your kindness
c) That is really nice of you.
d) I am pleased with your kindness.

**ワードチョイスヒント！**

「ご親切にどうもありがとう」の一般的な言い方です。日本語の発想では、a)やb)が出てきてしまいますが、相手にきちんと通じません。d)は「私はあなたのご親切を快く思っています」という意味になりますので、少しニュアンスが違います。**It was really nice of you/kind of you**という言い方を覚えておきましょう。

**正解** Oh, thank you. That is really nice of you.

### Q28
Let me know when you (イ) those stores. I (ロ) my schedule to bring you there.

(このお店をチェックしたくなったときは私に教えてください。なるべく私も予定を調整してご案内できるようにします)

イ：a）**feel like checking**　b）wants to check
　　c）are like to check　d）want checking
ロ：a）will adjust　b）will fix　c）**will arrange**
　　d）will tune

> **SV時制チェック！**

Sは**you**、Vは**check**。c)はbe動詞が不要、b)とd)は動詞の形が不適切。正解は、**a)**です。

> **ワードチョイスヒント！**

自分の予定などを調整するときには**arrange**を使います。**fix**は機械などの不都合を調整する、**adjust**は適応させるという意味です。**tune**は調子が外れているものを調整するという意味ですので、この場合には不適です。

**正解** Let me know when you **feel like checking** those stores. I **will try to arrange** my schedule to bring you there.

# 場面(1) 初対面の外国人との会話、使えるフレーズを覚えましょう。

《場面(1) 初対面の外国人との会話：全文》

**Japanese :** I usually speak slowly to avoid miscommunication. I hope you don't mind. Please let me know when you feel I should explain more.

**Japanese :** How have you found Japan so far?

Foreigner : Actually, I haven't had enough time to explore the city yet.

**Japanese :** Now it's not the best season to travel to Japan. If you come to Japan in early April, you will enjoy Japan more. In early April, we have a lot of cherry blossoms blooming. It is a really beautiful scene. You can find such a nice view in everywhere in Japan. Is this your first time to come to Japan?

Foreigner : Yes, it is. In the past, I have never traveled to any countries in Asia.

**Japanese :** Would you like to buy some souvenirs of Japan?

Foreigner : Yes, I would like to. I should buy something for my wife and children.

**Japanese :** Do you have something in mind that you want to look at?

Foreigner : I have nothing particular in my mind. Do you have any recommendations?

Japanese : Most foreigners want to buy something very Japanese. For example, they usually want to buy Kimonos, Japanese traditional clothes. Some people prefer buying sake, a Japanese drink, you know. But a bottle of sake is a bit heavy. You have to be careful about the weight of your luggage.

Foreigner : Thank you for your advice. What about for my children? Do you have any idea what I should buy for them?

Japanese : Well, for children, if they like Japanese cartoons, buying some goods related to cartoons would be one of the options. If you go to the basement floor of Tokyo station, you will find a lot of character shops. You will be able to find nice gifts for your son or daughter.

Foreigner : That sounds good. I will try there.

Japanese : If you would like to, I am happy to take you there.

Foreigner : Oh, thank you. That is really nice of you.

Japanese : Let me know when you feel like checking those stores. I will try to arrange my schedule to bring you there.

## 場面(2) 電話での会話、使えるフレーズを覚えましょう

次は電話の受け答えにチャレンジしてみましょう。場面1と同様、和訳を見て、（　）内にあてはまる適切な英語表現を選択肢の中から選んでください。

### Q29

**Hello, ABC corporation, Yamada speaking.（　）**
（ABCコーポレーションの山田でございます。どのようなご用件でしょうか？）

a）What do you want me to do?
b）For what matter did you call?
c）How can I help you?
d）Why did you call to us?

**ワードチョイスヒント！**

「どのようなご用件でしょうか？」という日本語に対応する英語表現を電話で伝えるときの決まった言い方は、**c）**になります。**a）**は「私に何をしてもらいたいの？」、**b）**は「一体どんな用件で、電話をしたの？」、**d）**は「どうして私達に電話をしたの？」という意味になり、この場に合った表現ではありません。

**正解** Hello, ABC corporation, Yamada speaking. **How can I help you?**

**ワンポイント** ☞ 日本語では「ご用件をお聞かせください」と電話で言うとき、受け手は自分の名前を名乗らないのが普通ですが、英語を話す環境では最初に名乗るのが普通です。

### Q30

( ) Richard MacDill, of XYZ capital. Can I speak with Mr. Tanaka?

(こちらは**XYZ**キャピタルのリチャード・マクディルと言います。田中さんをお願いします)

a) I was　　　　　b) My name sounds
c) This is　　　　d) He is

**ワードチョイスヒント！**

「私の名前は……」と言うとき、「**I am …**」「**My name is …**」と言いますが、電話の際は、「**This is**……（**speaking**）」と言うのが一般的です。正解は**c**)になります。

**正解** This is Richard MacDill, of XYZ capital. Can I speak with Mr. Tanaka?

### Q31

Excuse me?（イ）please repeat that? The line is not so（ロ）.

(すみません、もう一度繰り返していただけますか？電話が遠いようです)

イ：a) do you　b) may I　c) can you
　　d) could you

ロ：a) good　b) near　c) loud　d) clear

**SV時制チェック！**

**S**は**you**、**V**は繰り返す、時制**T**は今相手に「繰り返してください」とお願いするわけですが、より丁寧な表現を使った方

## 場面(2) 電話での会話、使えるフレーズを覚えましょう

がいいので、**d**)とします。

**ワードチョイスヒント！**

「電話が遠い」と言うときは**near /far**は使わずに、「線がきれいに聞こえない」という意味で**d) clear**を使います。

**正解** Excuse me? Could you please repeat that? The line is not so clear.

**ワンポイント**☞ 外国人からの電話は最初は何を言っているかわからないので、何回か聞き直すことが必要です。相手の気分を害さないためにも、「接続が悪いようなので」と付け足すといいでしょう。

### Q32

I am Richard MacDill, of XYZ capital. (　　) with Mr. Tanaka?

（XYZ キャピタルのリチャード・マクディルです。田中さんとお話しできますか？）

a) May I speak　　　　b) Shall we talk
c) Do you connect　　d) Do we speak

**SV時制チェック！**

**S**は**I**,　**V**は話す、時制**T**は「今話すことができますか？」と聞いているわけですから、**a)**となります。

**正解** I am Richard MacDill, of XYZ capital. May I speak with Mr. Tanaka?

**Q33** I am so sorry. Could you please speak a bit slowly? I would like to (　).

(すみません、もう少し、ゆっくり話していただけますか。メモをとりたいものでⅠ……)

　　a) write, b) do memo, c) record, d) take notes

**ワードチョイスヒント！**

「メモをとりたい」と言うときには、**d) take notes**を使います。**a)**は書くという動詞の目的語がありません。**b)**は日本語の「メモをする」の直訳で英語の表現ではありません。**c) record**は録音したい、という意味になります。

**正解** I am so sorry. Could you please speak a bit slowly? I would like to **take notes**.

**ワンポイント**☞ 電話で外国人の名前を聞き取るのは非常に難しいのですが、ここではこうして聞き直して、最初のリチャードと会社名が概ね聞き取れれば**OK**としましょう。相手に聞き返すときには、理由を説明すると感じがいいです。

**Q33** Richard MacDill, of XYZ capital. (　) to talk with Mr. Tanaka.

(**XYZ** キャピタルのリチャード・マクディルです。田中さんと話さなければいけないのですが)

　　a) I am　b) I did　c) I can　d) I need

## 場面(2) 電話での会話、使えるフレーズを覚えましょう

### SV時制チェック！

SはI、Vは話す、時制Tは今です。a)とb)は消えます。田中氏と会話が必要と言っているわけですので、意味とカッコの後のtoから、d)とします。

**正解** Richard MacDill, of XYZ capital. **I need** to talk with Mr. Tanaka.

### Q34

OK, I（イ）. Please（ロ）.
（了解しました。少々お待ちください）

イ：a) know　b) am　c) understand　d) heard,
ロ：a) hold on a second　b) wait a little
　　c) you have to wait　d) keep the line

### ワードチョイスヒント！

イ：「わかりました」と言うときには、現在形の**understand**（現在形）か、過去形の**understood**を使います。特に「わかった、理解した」という点を強調したいときは、過去形にします。ここでは、過去の選択肢はないので、**c) understand**とします。

ロ：電話や接客などで「相手にちょっと待ってください」と言うときには**a) hold on a second**を使います。**Wait**を使いたくなりますが、どちらかというと「長い時間待つ」という意味合いになり、「ほんの少しお待ちください」という意味ではあまり使いません。

**正解** OK, I understand. Please hold on a second.

**Q36** I understand, sir. However, Tanaka (　) in his office right now.

（了解いたしましたが、あいにく田中は今オフィスにおりません）

a）am not　b）are not　c）has not　d）is not

**SV時制チェック！**

SはTanaka、Vはbe、時制Tは今のことです。継続の意味合いはないので、単純現在にし、SVを対応させた、d)を選びます。

**正解** I understand, sir. However, Tanaka is not in his office right now.

**Q37** He （イ）and （ロ）in a few minutes.

（田中は今少し席をはずしておりますが、数分で戻って参ります）

イ：a）is out of his desk　b）has just stepped out
　　c）is off from his desk　d）took out his desk

ロ：a）return　b）is on his way　c）will be back
　　d）is going to go back

## 場面(2) 電話での会話、使えるフレーズを覚えましょう

> **SV時制チェック！**
>
> イ：**S**は**he**、**V**は**step out**（席をはなれる）、時制**T**は今まさに席を離れたというニュアンスがあるので、完了時制にします。**b)** が正解です。他は「席をはずす」という意味の正しいワードチョイスにはなりません。
>
> ロ：**S**は**he**、**V**は**return**、あるいは**be back**から**a)** と**b)** に絞り、時制**T**は将来のことです。**SV**の対応と時制を考えて、**c)** が正解です。

**正解** He **has just stepped out** and **will be back** in a few minutes.

### Q38
( ) you want him to call you back?
（彼から電話をさせましょうか？）
a) Would  b) Can  c) Shall  d) Do

> **SV時制チェック！**
>
> **S**は**you**、**V**は**want 人to do**（人に〜してもらいたい）、時制**T**は現在あるいは将来です。あなたが**want**（欲する）という動作を疑問形にする場合の助動詞ですので、**a)** と**c)** と**d)** に絞ります。意味から**c)** は不適切、**want**とのつながりから**d) Do**を選びます。なお、**Would you like him to call you back?** も同じ表現です。

**正解** **Do** you want him to call you back?

**Q39** I am sorry, he is not (　　).
（申し訳ございません、田中は現在電話に出ることができません）

a) possible　b) available　c) free　d) positive

**ワードチョイスヒント！**

「電話での応対ができる」と言うときには**b)**を使います。誰かと打ち合わせをしたいとき、相手が手すきかどうかと尋ねるときにも**available**を使います。

**正解** I am sorry, he is not available.

---

**Q40** He (　　) at the office during the morning/ the afternoon and will be back in the afternoon/ in the evening/ tomorrow.
（彼は午前中は／午後は外出しており、戻りは午後／夕方／明日になります）

a) go　b) has gone　c) is not　d) is being

**SV時制チェック！**

S は**he**、V は**be**、時制 T は現在ですので、**SV** の適切な一致は**c)**になります。

**正解** He is not at the office during the morning/ the afternoon and will be back in the afternoon/ in the evening/ tomorrow.

## 場面(2) 電話での会話、使えるフレーズを覚えましょう

### Q41
But all members of his team (　　) now available to talk with you.

（しかし、彼のチームは全員、現在（お客様と）お話しすることが可能です）

a) is   b) will be   c) have   d) are

#### SV時制チェック！

Sは**all members of his team**、Vは**be**、時制Tは**now**があり完了時制ではなく単純現在ですので、SVの適切な一致はd)になります。

**正解** But all members of his team **are** now available to talk with you.


### Q42
(　　) to talk with them?

（彼らとお話になりますか？）

a) Will you　　　　　　　b) Would you like
c) Would it possible　　d) Do you have

#### SV時制チェック！

Sは**you**、Vは**want to talk**、**would like to talk**、時制Tは今ですから、a)は時制から不適切、d)は意味から不適切、c)はSが不適格、b) **Would you like**が正解です。

**正解** **Would you like** to talk with them?

### Q43
Yes, I would like to. Can you please pass this call to someone who (　　) the European market?
(ええ、お願いします。この電話をヨーロッパ市場担当の方につないでいただけますか？)

a）are responsible for
b）have been responsible for
c）is responsible for
d）was responsible for

**SV時制チェック！**

Sはsomeone、Vはbe responsible for、時制Tは今現在担当している人。SVの一致からc）とd）に絞り、時制からc）を選びます。

**正解** Yes, I would like to. Can you please pass this call to someone who **is responsible for** the European market?

**ワンポイント☞** 関係代名詞節の場合は、SVは関係代名詞の前、先行詞を見て判断します。

### Q44
OK. No problem, (　　) check.
(もちろん、大丈夫です。担当者をチェックいたします)

a）allow me　b）let me　c）keep me　d）have me

**ワードチョイスヒント！**

日本語では「私がチェックします」と能動態で表現しますが、

# 場面(2) 電話での会話、使えるフレーズを覚えましょう

英語では「私にチェックさせてください」と使役の命令形を使います。b)が正解です。

**正解** OK. No problem, let me check.

### Q45

You ( ) with Ms. Nakajima, who is responsible for Non-Asian markets.

（アジア以外のマーケットを担当しております中島とお話しください）

a) should talk    b) have to talk,
c) must talk      d) can talk

**ワードチョイスヒント！**

canには「〜してもいい、どうぞ〜してください」という意味があり、実際によく使います。d)が正解です。

**正解** You can talk with Ms. Nakajima, who is responsible for Non-Asian markets.

### Q46

Please（イ）the line. I will（ロ）this call to her.

（電話を切らずにお待ちください、この通話を転送いたします）

イ： a) hold  b) keep  c) stay  d) remain
ロ： a) switch  b) forward,  c) link  d) connect

**ワードチョイスヒント！**

日本語の発想から英語を考えると間違えてしまいます。電話を切らずにおくのは、**a)** を使い、転送は **b)** を使います。

**正解** Please hold the line. I will forward this call to her.

**Q47** Would you like to （　　）?
（伝言を残されますか？）

a) keep a message　b) make a message
c) pass a message　d) leave a message

**ワードチョイスヒント！**

「伝言を残す」は、**d)** が適切です。

**正解** Would you like to leave a message ?

**Q48** Yes, we（イ）to have a conference call this evening, but I（ロ）it.
（今日の夕方電話会議をするはずだったのですが、延期せざるを得なくなりました）

イ：a) is supposed　　b) are supposed
　　c) was supposed　d) were supposed
ロ：a) can postpone　　b) was postponed
　　c) would postpone　d) have to postpone

## 場面(2) 電話での会話、使えるフレーズを覚えましょう

> **SV時制チェック！**
>
> イ：Sはwe、Vはbe supposed to do、時制Tは今現在あるいは近い将来なので、SVを一致させたb) are supposedを選びます。
>
> ロ：SはI、Vはhave to、時制Tは今現在のことなので、SVを一致させ、意味を考えて、d) have to postponeを選びます。

**正解** Yes, we **are supposed** to have a conference call this evening, but I **have to postpone** it.

---

**Q49** I（イ）**to let me know his available dates and**（ロ）**over the next two weeks.**

(この先2週間で、彼が電話会議可能な日時を、私に教えていただきたいのです)

イ： a) need　　　　　　　b) would like him
　　c) would like check　d) would him check

ロ： a) opportunities　　b) time lines
　　c) schedule spots　d) time slots

> **SV時制チェック！**
>
> イ　SはI、Vはwould like 人 to do、時制Tは今現在なので、b) を選びます。

> **ワードチョイスヒント！**
>
> 可能な日にちと時間帯は**available time slots**といいます

ので、**d)** が正解です。

**正解** I would like him to let me know his available dates and time slots over the next two weeks.

**Q50** I understand. (　) his secretary and I will quickly check his schedule and email it to you. Is that OK for you?

（了解しました。私は彼の秘書をしております。至急彼のスケジュールを確認しましてメールでご連絡させていただきます。よろしいでしょうか？）

a）we are　b）we have been　c）I am　d）I will be

**SV時制チェック！**

**S**は**I**、**V**は**be**、今現在の状態なので時制**T**は単純現在にし、**c)** が正解です。

**正解** I understand. I am his secretary and I will quickly check his schedule and email it to you. Is that OK for you?

場面(2)

# 電話での会話、使えるフレーズを覚えましょう

《場面(2) 電話の受け答え：全文》

| | |
|---|---|
| **Yamada** | : Hello, ABC corporation, Yamada speaking. How can I help you? |
| **MacDill** | : This is Richard MacDill, of XYZ capital. Can I speak with Mr. Tanaka? |
| **Yamada** | : Excuse me? Could you please repeat that? The line is not so clear. |
| **MacDill** | : I am Richard MacDill, of XYZ capital. May I speak with Mr. Tanaka? |
| **Yamada** | : I am so sorry. Could you please speak a bit slowly? I would like to take notes. |
| **MacDill** | : Richard MacDill, of XYZ capital. I need to talk with Mr. Tanaka. |
| **Yamada** | : OK, I understand. Please hold on a second. |
| **Yamada** | : I understand, sir. However, Tanaka is not in his office right now. He has just stepped out and will be back in a few minutes. Do you want him to call you back? I am sorry, he is not available. He is not at the office during the morning/ the afternoon and will be back in the afternoon/ in the evening/ tomorrow. But all members of his team are now available to talk with you. Would you like to talk with them? |

| | |
|---|---|
| MacDill | : Yes, I would like to. Can you please pass this call to someone who is responsible for the European market? |
| Yamada | : OK. No problem, let me check. You can talk with Ms. Nakajima, who is responsible for Non-Asian markets. Please hold the line. I will forward this call to her. Would you like to leave a message? |
| MacDill | : Yes, we are supposed to have a conference call this evening, but I have to postpone it. I would like him to let me know his available dates and time slots over the next two weeks. |
| Yamada | : I understand. I am his secretary and I will quickly check his schedule and email it to you. Is that OK for you? |

## あとがき

　2006年の元旦、私は香港にいました。九龍公園を気持ちよく散歩していると、頭にターバンを巻いたインド人の占い師が私の方にやってきました。
「お前には幸運の相がある」
　開口一番、彼は私にこう語りかけると、私がそれまでツイていなかったこと、困難な人生を送ってきたことを見事に言い当てました。そして、私がその年の2月に運命の人と出会うことを告げ（事実、私は2月にブラジルで夫と出会うことになります）、この先、運が大きく開けるだろうと予言しました。

「ただし……」と彼は続けました。そして、「お前が悪い習慣をやめればだ！」と意味ありげに付け加えました。
　私はそれまで世界のあちこちに滞在し、多くの人と出会い、普通ではできないような特異な経験をたくさんしました。
「なぜそれを黙っている？」とこのインド人占い師は私に言ったのです。
「そんな素晴らしい貴重な経験は広く人々に知らせて、みんなの役に立つようにするべきなのに、お前はそれをしない。お前は黙っているだけで悪いことをしている！」
　彼は私を指差してこう言いました。

それ以来、私は自分が苦労して得た体験を、他の人々に知らせて役立てなければと考えるようになりました。

　そして、今回、思いがけない機会が与えられました。
「ユキーナさん、3週間で本の原稿を書けますか？」と出版関係者から尋ねられたとき、躊躇する間もなく、私は「はい、ぜひ書かせてください！」と答えました。
　私の頭にあったのは、どうすれば日本人がきちんと伝わる英語が話せるようになるか、自分がどんな経験をして英語を話せるようになったか、それを書こうということでした。
　真面目に勉強しているのに話せるようにならない、そんな悩める日本人がちゃんとコミュニケーションがとれるレベルになる。その方法をどうやって説明すればいいだろうか……と私はずっと考えていましたが、あるとき「貴族」という言葉を思いつきました。
「左うちわで汗も書かず楽に外国人と話している人たちはあたかも貴族のように見える。このイメージを使えば私のメソッドがわかりやすく伝わるのでは？」
　そう考えて私はパソコンに向かいました。
「お前の経験を知らせて、悩める英語難民たちを救え！」
　インド人占い師の言葉が頭にこだまする中、私は2週間半で原稿を書き上げました。こうして、本書『英語貴族と英語難民』がみなさんの目に触れることになったわけです。

　本書で説明した「SV時制条件反射」と「ワードチョイス」、

そして「言いたいことが伝わるフロー」については、ぜひまた別の機会でも私の培ったノウハウを詳しくお伝えできればと思います。

　本当に素晴らしい本を出させていただいたと感謝の気持ちで一杯です。カバーのイラストは上田バロンさんにお願いし、スタイリッシュで素敵なものになりました。内容については不動産英語塾の杉浦隼城さん、コーディネーターの小山睦男さんから多くのアドバイスをいただきました。そして、出版の経験がほとんどない私に親切にアドバイスしていただき、ご尽力いただいた総合法令出版編集部の田所陽一さんとデザイン担当の土屋和泉さんに心よりお礼申し上げます。

　それもこれも、思い起こせば 8 年前に出会ったインド人占い師の一言がきっかけです。一段落ついたら香港にお礼参り（？）をと思っています。
「よくやった、これでさらに運が開けるだろう！」と言われるか、「この程度で満足するな、もっと知識と経験を人とシェアしろ！　世界のために働け！」とさらなるミッションをもらうかはわかりませんが、いずれにせよ、これが私の「悪行みそぎ、巡礼の旅」の幕開けになることは間違いありません。

　本書を読んでいただいた読者のみなさま、どうぞ今後とも末永くおつきあいいただければと思います。

　　　　　　　　　　　2014 年 5 月　ユキーナ・富塚・サントス

## ユキーナ・富塚・サントス
*Yukina Tomizuka Santos*

1969年生まれ。東京都出身。学習院大学法学部卒業後、国内大手不動産コンサルティング会社で女性総合職としてキャリアを積む。34才でイタリアとアメリカにMBA取得のため留学。帰国後、アメリカ系投資銀行、ドイツ系不動産銀行の内部コンサルタントとして勤務。2013年からはブラジル系企業の日本におけるビジネスをサポート、英語とポルトガル語、イタリア語、日本語の4カ国語を駆使して、グローバルに活躍中。日米英3カ国の不動産鑑定士資格を保有。英国に本部を置く世界最大手業界団体、RICS（Royal Institution of Chartered Surveyors）アジア商業不動産専門グループ理事。現役ビジネスウーマンとしてグローバルに活躍する一方、自身が屈辱的な英語難民状態から脱却し、ネイティブから「Excellent!」と称賛されるほどの英語貴族へ変身するまでの体験とそのメソッドを公開して、多くの日本の英語難民を救うために活動中。不動産英語塾専任講師。「All English! 中級編通信講座」を毎週配信中。

オフィシャルサイト
http://www.yukina-s.com/

【編集・制作協力】
**不動産英語塾**（Real Estate English Academy）
2010年より金融不動産業界のビジネスパーソンの専門英語力向上のための講座を提供している国内唯一のスクール。多数の業界ビジネスパーソンが受講し、英語スキルの向上と人脈構築、ビジネス＆キャリアの向上を実現している。
〒106-0045　東京都港区麻布十番1-5-10 アトラスビル6階
TEL&FAX 050-3383-1391
http//www.tocodajuku.com

## 英語貴族と英語難民
### 3ヶ月でネイティブに100%伝わるようになるスーパーメソッド

2014年7月4日初版発行

著　者　ユキーナ・富塚・サントス

カバーイラスト　上田 バロン
ブックデザイン・本文イラスト　土屋 和泉
出版コーディネート　小山 睦男（インプルーブ）

発行者　野村 直克

発行所　総合法令出版株式会社
〒103-0001
東京都中央区日本橋小伝馬町15-18
常和小伝馬町ビル9階
電話　03-5623-5121

印刷・製本　中央精版印刷株式会社

ⓒ Yukina Tomizuka Santos 2014 Printed in Japan　ISBN978-4-86280-410-5
落丁・乱丁本はお取替えいたします。
総合法令出版ホームページ　http://www.horei.com/

本書の表紙、写真、イラスト、本文はすべて著作権法で保護されています。
著作権法で定められた例外を除き、これらを許諾なしに複写、コピー、印刷物
やインターネットのWebサイト、メール等に転載することは違法となります。

視覚障害その他の理由で活字のままでこの本を利用出来ない人のために、営利
を目的とする場合を除き「録音図書」「点字図書」「拡大図書」等の製作をす
ることを認めます。その際は著作権者、または、出版社までご連絡ください。

## 英語でロジカルに伝えられるようになる本

安達洋・瀬能和彦/著　定価1300円+税

外国人と英語を使ってビジネスをする際に不可欠となる、「自分の意思を明確に、論理的に伝える」ためのコミュニケーションの取り方をわかりやすく解説。ビジネスの結果を出し、周囲と差をつけたいビジネスパーソン必読の書。

---

## 海外経験ゼロでも話せるようになる
## 1日5分ビジネス英語トレーニング

安達洋・岩崎ゆり子/著　定価1600円+税

多忙なビジネスパーソンがスキマ時間を使って効率的に英語を学習できるようにした教材。各ユニットはすべて実際のビジネスシーンで使われる表現や単語で構成。付属CDにはノーマルスピードとリスニング力強化に有効な2倍速音声を収録。

---

## TOEIC対策にも使える
## 1日5分ビジネス英単語トレーニング

安達洋・岩崎ゆり子/著　定価1800円+税

グローバル企業をはじめ、東証一部上場企業で社員向け英語研修を行う著者待望の「1日5分シリーズ」第2弾。ビジネスシーン頻出の英単語約500語を厳選しており、例文・長文を通じて"使える"英単語を取得することができる。CD2枚付き。

## ステキな外国人に恋したら
## 英語がペラペラになりました。

ヨーク水砂子（文）佐藤 政（マンガ）定価1000円+税

タイプの異なる4組の国際カップルの出会いからゴールまでの物語を軸に、教科書には載っていない生きた英会話表現を楽しく学べるコミック。カジュアルな会話で即使える応用表現集や単語集、著者自身の英語学習コラムを多数掲載。

---

## スティーブ・ジョブズから
## 学ぶ実践英語トレーニング

安達洋・渋谷奈津子／著　定価1700円+税

スティーブ・ジョブズのプレゼンテーション、スピーチ、インタビューなどから珠玉のメッセージを厳選して、原文と日本語訳を掲載。詳しい文法解説と応用表現で誰もがジョブズ流の表現やロジックを楽しく身につけられる。付属CD 2枚付き。

---

## TOEIC300点でも
## 世界で戦える英語術

安達洋／著　定価1300円+税

ビジネスで本当に求められる英語力とは何か。多忙なビジネスパーソンが限られた時間を最大限有効活用して実践的な英語力を身につける方法を伝授。独学で英語を習得し現在は企業英語研修で活躍する著者ならではの、ユニークかつ説得力あるアドバイスが満載。